四方围棋双语教室

围棋入门

一学就会

四方围棋 著

任 黎 绘

化学工业出版社

·北京·

内容简介

《围棋入门一学就会》从基本规则开始，带领大家走进围棋的世界，循序渐进地讲解了吃子、死活和对杀的初级技巧，从布局、中盘、收官，到围棋的胜负判定方法，使读者快速入门。

《围棋入门一学就会》不仅详细讲解了围棋礼仪、围棋棋具的相关知识，还穿插各类有趣的围棋故事，并配有精美插图，让棋友们在了解棋界风云人物的过程中加深学习围棋的兴趣。

针对书中部分内容，本书配有详细的视频讲解，入门的棋友可以在视频讲解的辅助下，自主探索奇妙的围棋世界。书中还提供涵盖全书知识要点的思维导图，将前后知识进行有逻辑的串联，让棋友们的学棋思路更有条理。

图书在版编目（CIP）数据

围棋入门一学就会 / 四方围棋著；任黎绘 . -- 北京：化学工业出版社，2024.5
（四方围棋双语教室）
ISBN 978-7-122-44883-5

Ⅰ.①围… Ⅱ.①四…②任… Ⅲ.①围棋–基本知识 Ⅳ.①G891.3

中国国家版本馆CIP数据核字（2024）第059124号

责任编辑：宋　薇　　　　　　装帧设计：张　辉
责任校对：李雨函　　　　　　版式设计：梧桐影

出版发行：化学工业出版社
　　　　　（北京市东城区青年湖南街13号　邮政编码100011）
印　　刷：北京云浩印刷有限责任公司
装　　订：三河市振勇印装有限公司
710mm×1000mm　1/16　印张13¼　字数222千字
2024年9月北京第1版第1次印刷

购书咨询：010-64518888　　　　售后服务：010-64518899
网　　址：http://www.cip.com.cn
凡购买本书，如有缺损质量问题，本社销售中心负责调换。

定　　价：88.00元　　　　　　　版权所有　违者必究

序言

围棋是关于胜负的极致艺术。

日常谈起围棋，总被加上了太多的文化元素。修身养性、文化传播、国粹传承。AI刚横空出世那几年，还有职业棋手出来点评，说现在的围棋运动过于"执着于胜负"，如果只看胜负，谁也打不过AI，还不如修身养性，传承文化。

这样的印象，直到现在都让圈外人对围棋棋手们有很多误解。2022年三星杯四强赛，韩国卞相壹九段输给崔精九段，流泪自扇耳光的片段在互联网出圈，很多转发评论很是惊诧："围棋棋手不是应该沉稳大气，泰山崩于前而色不变吗？""怎么内心竟然如此脆弱？""这样的围棋，还是不是围棋？"

实际上，这才是围棋真正的残酷和魅力。

我不否认千百年来人们从围棋中领悟出了诸多人生哲理，然而这些哲理并不凭空从哲理中来，而是从对胜负的追求与淬炼中来。

小学时接触最早的围棋故事，大约是《孟子》里提到的高手弈秋。弈秋是"通国之善弈者"，他教两个学生下棋，一个学生非常认真，另一个学生总是走神，天上有鸿鹄飞过就想去射，最后认真的学生才能学好。

专心致志，是人生哲理。可要想从围棋中领悟专心致志，怎么领悟？当然是越有目标，对围棋技术越感兴趣的人越专心致志。这种人下棋，才越能赢。不可能有谁不在乎输赢，只专心致志。

各种修身养性悟出来的哲理，都是在追求胜利的过程中被挖掘出来的。围棋是这样，人生也一样。

吴清源先生奉行中庸之道，他的自传题目就叫《中的精神》，一代名将李昌镐的自传叫《不得贪胜》。总之就是不要太过分，不要贪，要有分寸。俗话说是"赢棋不闹事"。

有分寸，不贪多，总是非常深刻的人生之道吧。那"下棋有分寸、不贪多"又是为了什么呢？是为了赢。

这里的"不闹事"，不是让棋手去做一个滥好人，"得饶人处且饶人"。棋盘上的全部分寸、退让、忍耐、宽容，都是为了一个目标——赢。为什么不说"输棋不闹事"？因为已经要输掉，这时候反而应该再拼搏一下，这时候应该释放胜负手。再不闹事，这叫"安乐死"了。

之前看聂卫平道场的视频，朱仁坤老师讲棋，批评学生输棋，别人走哪，自己就跟着走哪："你们下不好，问题就是：不知道自己要什么。一看别人有了，你就也觉得好，没有自己的想法。"

我当时一凛，深感这真的是人生至理。人生至理哪里来？当然是在追求胜负的过程中来。不可能对着棋盘摆摆棋，就能悟出来。而是非得在求胜的路上经历胜负、尝试、挫折，才能悟道。唐僧有一个求取真经的坚定目标，一路上克服八十一难，才是修行。

我知道很多家长送孩子学棋，也不是真想让孩子走职业道路，大部分的想法是锻炼一下。要锻炼，当然是要放到胜负里去。

输的棋多了，就体验过挫折；坐得住了，就学会了心静；开始复盘了，就是在反思；下次赢了，就懂了坚持的意义；又输掉了，就学会了以平常心看胜负；甚至看到父母花了不少钱，辛苦地陪着自己赶一场又一场比赛，输棋后温声鼓励、定段了喜笑颜开，也就会更深刻地体验亲子关系。

这就是在胜负中修行。

有句话很好听："胜负是手段不是目的。"但不把胜负当目的，如同唐僧不把取经当目的，自己去找八十一难受，那就只是单纯遭罪。只有把胜负当成目的，胜负才能真正成为手段。

每次看到职业棋手精妙的招数，我都深深感动。我自己只是普普通通的围棋爱好者，甚至连业余段位也没去考，我深知要成为职业棋手，是一条无比艰辛充满挑战的道路。

我看过一部纪录片《跃龙门》，印象里记录的是2007年的定段赛。看着一个个孩子背负万千压力走上赛场，有家长的期待、教练的关怀和来自同辈的竞争。

而感触更大的是，因为在看十几年前的老纪录片，我已经是开了穿越者视角。纪录片里那些很努力很认真的小棋手，在片子刚出来时，你会为他们紧张、焦虑，你会担心他们能否定段成功，能否成为优秀的职业棋手。那部纪录片里出现的一部分名字，也确实在后来成为了世界冠军。

可对于片子里那些今天并不熟悉的名字，我们已经知道："没用的，尽管你今天如此认真顽强，但十几年后，你并没有成为顶尖棋手。你今天的努力，并不会为你在这条路上赢得一席之地。"

回到开头的例子，很多人看到国手在比赛输掉后，竟然会流泪失态，惊诧于顶级选手的抗挫折能力差。我也知道很多家长送孩子学棋，是想锻炼孩子能泰然看待胜负和挫折。会怀疑，那学围棋是不是没用啊？

答案是，如果只是面对生活里的普通挫折，确实很有帮助。

但职业棋手的道路，就是通过千遍万遍捶打，锤打出坚韧强大的心脏后，再送去更极致的赛场，去挑战更强大更坚韧的对手。你永远会觉得自己还不够强，因为一旦强了一点，解锁的地图只会更加难。

听来非常痛苦，可每一次捶打和每一次淬炼过后，展现在眼前的，都是全新的风景和境界。

生活中有两种美：没有欣赏门槛的美和有欣赏门槛的美。跨越门槛，欣赏到的美也不同。

睁开眼睛，就能看到自然风景的美；远离城市光污染区域，能看到宇宙星河的美；学习一些语文基础知识，能体验到诗词歌赋的美；而推开"围棋"这道门扉，则能欣赏到每一张棋谱的美。李白的诗很美，柯洁与AlphaGo三番棋的第二盘也是至美的。且学得越多，思考越深，便越能为其中的美战栗，越能感受到妙手背后的巧思和力量。

我喜欢上围棋，到今年恰好整30年了。今天我还清晰地记得30年前的那个下午，1994年我6岁，生了个小病需要住院。住院期间非常无聊，奶奶带我在医院附近闲逛的时候，在一家小书店里，随手给我买了一本《围棋入门》。时隔多年，我已经完全忘记了出版社和作者，可依然记得那本书的触感。

那是蓝色的封面，中间印着一张棋盘，底部是非常朴实的四个字：围棋入门。那本书被我反复翻过太多次，边角卷起，厚度已经是刚买回来的2倍。书脊有些承载不起书页，开始松散。封面原本是在纸张上附了一层塑料贴膜，原本是要保护封面，可后来塑料贴膜已经从边角上和纸张分开，自己先皱皱巴巴地卷了起来。

我正是从那本书喜欢上围棋的，可惜老家辽宁本溪，算是围棋荒漠。我对着一本书在一张塑料布棋盘上摆来摆去，只能学到一些最粗浅的技巧，可以说啥也不是。又过了5年，我11岁五年级，我妈在街上闲逛，看到围棋班招生，我才终于算是认认真真学了仅仅一年围棋。而我的老师代永胜先生，甚至不是职业棋手，当时是业余5段。

围棋从那时起成为了我相伴30年的小小爱好，到现在也只能是小小爱好，可我依旧感谢30年前那本被我翻烂了的书，让我看到了不同的世界。

直到今日，我看着顶级国手的棋谱，都会心生羡慕和感激——

我从来没有体验过那种顶级舞台上的极致胜负。我没有体验过毫厘之差对结果的巨大影响。我没有体验过心理的巨大压力。我不可能理解竭尽全力却还是没有取得预料成绩的失望和落寞。我从来不知道人类向着能力边界冲刺探索时，是什么样的心态和感觉。

我参加过很多很难的考试和很激烈的职场竞争，容错率都是非常高的。犯过很多错，也没让结局倾覆。有过很好的发挥，也未必都派上了用场。我没有资格去指责失利的选手。反过来，我甚至认为我的鼓励和宽慰都如此廉价。

我没有足够的人生经历和能力去共情他们的心境。我好像只能看着他们的棋局解说，去感受一点什么和试图领悟一点什么。

他们像是极致之地的向导，为我开启了一扇大门，大门背后是我从未接触过的世界。他们用了几乎全部职业生涯的努力，走到那个世界里。我在门外向里面看去，由于我拙劣的视力，也只能看到一点浮光掠影。

这一点点漏出的光线也足够炽烈。

像是摸到大象腿部的盲人，我深深惊叹于生物进化的伟大，摸到一条象腿，已经是莫大的喜悦了。

今天的这本《围棋入门一学就会》，或许也会成为很多人打开一扇门的钥匙。我在电脑上一页页读过付梓前的电子版书稿，30年前的熟悉感再次涌上心头。依然是熟悉的讲解，相似的篇章，只是围棋技术又进步了30年，很多在AI帮助下的最新成果也被编写收录。

一本简单的入门书不能让人成为国手，甚至也不能帮读者拿到业余段位，但至少能帮助读者初步建立起围棋的概念。在围棋于互联网上反复破圈的今天，即使不能下出一盘好棋，但看到棋局，借助讲解，能大概知道棋盘上发生了什么，也是不同的体验了。

去年我总陪朋友的儿子下棋。朋友的儿子，学棋一年，准备考业余段位前，朋友约我陪他下下网棋。

我赢了以后，朋友发来一段视频。里面一个还没桌子高的小朋友，也是一边流着眼泪，一边去捂妈妈的手机镜头。

妈妈一直安慰："他是尊重你才认真下的，他是个叔叔啦。"

隔了一会儿，手机里发来语音。很稚嫩的声音传出来："叔叔，为什么我中间的棋，最后没有活啊？"

我和他视频摆了摆棋。他擦擦眼泪，很礼貌地说："谢谢叔叔。"我感觉又看到了当时一起学棋的小伙伴。

围棋的乐趣，也无过于此。

汪　有

前言

围棋犹如一幅绚丽的画卷，揭示千年的智慧和深邃的人生哲理。在这古老的棋盘上，黑白棋子交错，承载着深奥幽玄的秘密。在围棋的世界里，我们不仅仅是棋手，更是思考者和感知者。每一盘棋都是一场思维的盛宴，一次对内在智慧的深刻挑战。

围棋如同一位默默传授智慧的良师，在弈动的局面中、在纷繁的棋局里让我们有机会探究并寻求解题的灵感。围棋不断提升着我们在面对各种情境时理性思考、战略规划的能力，这种能力会在生活、学习和工作中产生深远的影响，使我们在解决问题、制订计划时更加游刃有余。

《围棋入门一学就会》从基本规则开始，陪同零基础的围棋爱好者走进围棋的世界。

- 为了让学习更有趣，书中穿插了围棋故事和经典名局，并配有原创手绘插图。
- 为了让自学更加高效，针对部分对萌新来说难以理解的知识点，我们专门录制了讲解视频。
- 为了让思路更有条理，书中提供了涵盖全书知识要点的思维导图。

本书旨在为零基础的学习者揭开围棋的神秘面纱，带领读者从零起步，踏上一段充满挑战与智慧的围棋学习之旅。期待这本书能让更多围棋爱好者感受到围棋的魅力，让围棋成为他们人生旅途中新的伴侣。

四方围棋

目录

第十一章 入门围空

第十二章 围棋的胜负

第一章

认识围棋

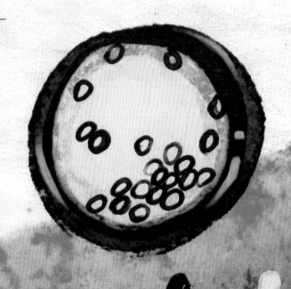

围棋是一种历史悠久的策略性棋类游戏，起源于中国，盛行于东亚，相传为帝尧所创。春秋时期的《左传》是最早记载围棋活动的文献，而最早的围棋专论出现于汉朝。到了唐朝，围棋被列入"琴棋书画"四艺之中，成为中国文化代表之一。也正是在隋唐时期，围棋传入了日本和朝鲜半岛，而后影响不断扩大。发展至今，围棋已在全球范围内成为最具影响力的智力运动之一，拥有数千万受众。

1. 棋道礼仪

（1）基本礼仪
1）对局前
• 仪表

体面的仪容仪表是围棋礼仪的一部分。

早年间日韩棋手喜欢身着传统服饰参赛。近年来，棋手们更倾向于身着西装参赛。

八冠王 柯洁九段　　六冠王 申真谞九段　　日本七大头衔全制霸 井山裕太九段

注：至2024年6月，柯洁和申真谞分别8次、6次获得世界围棋大赛冠军。井山裕太尚未获得世界冠军，但是为日本围棋历史上第三位获得过棋圣、名人、本因坊、王座、天元、棋圣、十段等七大头衔的大满贯棋手。前两位达成此成就的棋手是赵治勋和张栩，但他们都从未将七冠同时集于一身，而这样的荣耀唯有井山裕太享受过。

- 守时

　　如果参加比赛，准时到场当然是最基本的要求。

　　一般的业余比赛，棋手迟到15分钟就会被判负。

　　在职业棋战中，不同比赛有不同的规定。通常来讲，棋手迟到的时间将抵消其比赛用时。迟到时间到达一定程度可能会被直接判负。

- 到场

　　大赛开始之前，一般来说，年纪较轻、段位较低，或是处于挑战位置的棋手，即所谓"下手"首先到场，并坐在下位。与下位对应的上位，是指裁判右手边的那个位置，留给"上手"。

　　按照传统，先到场的选手还会用干净的抹布擦拭棋盘，体现了对围棋和对手的尊重，这样的仪式感也有助于平复心情，以更好的状态投入棋局。

　　随着时代发展，围棋比赛中的上手和下手地位日益模糊，少有人甘为"下手"。如今选手都是自行安排到场时间，无论早到或晚到，与自己的习惯和心理暗示息息相关。至于到了坐在哪边，也无需纠结，裁判组早已经过多方考量，将写有棋手名字的座卡摆放到位。

2）对局中

　　"观棋不语真君子，落子无悔大丈夫"，自古以来都是不言而喻的基本礼仪。

　　在棋局开始前，双方应互相行礼，并说："请多指教。"

　　围棋被称为"手谈"，对局中棋手一般不说话，也不能有影响对手的行为。同时，也不应边下棋边吃东西。

3）对局后

复盘是对局双方对棋局内容的重演，讨论两人当时的想法，思想经过充分碰撞后，彼此水平也能得到一定程度的提高。复盘对于胜者来说轻松愉悦，对于输棋一方，则是撕开伤口的痛苦过程。但没有办法，从业余新手到职业高手，复盘都是围棋进步之路上不可或缺的一环。做到心平气和地复盘，不仅是对对手想法的尊重，也是对自身心智的磨砺。

如果输掉这盘棋极其痛苦，以至于不想复盘，也千万不能拂袖而去，掀桌更是天方夜谭。默默收好棋子，向对方行礼后方可黯然离场。

（2）落子姿势

下棋入不入流，首先看的就是拿棋子的姿势。

正确的拿子方式只有一种，即食指在下、中指在上夹住棋子，其余手指自然前伸。

落子时不要举棋不定，想好选点之后，食指在棋盘着陆，由中指将棋子下到要下的位置，而后下棋之手自然离开棋盘，不要犹豫。

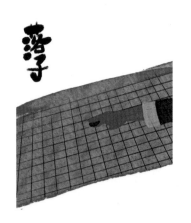

2. 围棋棋具

请扫码观看
详细讲解

（1）棋盘
1）点和线

标准围棋棋盘纵横各19条线，共361个交叉点。对弈时，棋子要下在交叉点上。

初学者会使用9路和13路棋盘，分别有81和169个交叉点。

一眼看去，标准棋盘上有9个明显的星点，正中心的叫"天元"，其余8个都叫"星位"，简称"星"。

棋盘上有4个角、4条边和一个中腹。

为了方便交流，棋盘上最外面一条线被称为"一路线"，从外向里数第二条线被称为"二路线"，以此类推。

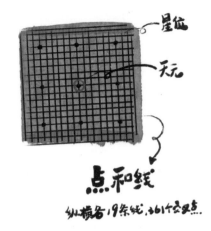

2）材料

中国古代多使用楸木来做棋盘，古诗中的"楸枰"就是围棋盘的意思，引申指围棋。

日本从古至今使用榧木制作棋盘，榧木也称"香榧"或"本榧"。

有香榧之称，是因为榧木会散发天然木材幽香，让对局者静气凝神。

有"本榧"之称，是因为要和"新榧"区分。新榧不是榧木，而是北美云杉。

榧木生长极为缓慢，到了现代，产量不断下降，榧木棋盘的价格逐年攀升。所以棋具商人和匠人开始使用新榧来制作棋盘，或用多根木料拼接制作成一块棋盘，以降低成本。

以整木制成的棋盘叫"独木棋盘"，由木条拼接而成的棋盘叫"拼盘"。

3）形式

中国人坐在凳子或沙发上，将棋盘摆在桌上下棋。所以中式棋盘大多是厚度较薄的"桌上盘"。日本人自古有跪坐榻榻米的习惯，所以他们的传统棋盘是带有四只脚并且极厚的棋墩。这样的棋墩放在地上，高度很适合跪坐者对弈。同时，对弈者可以以接近九十度的角度俯视棋盘、鸟瞰全局，是一种很好的下棋体验。

4）尺寸

围棋棋盘并不是标准的正方形。

我们下棋的时候一定要将短边对向自己，不然不符合围棋对弈规范，视觉上也会感到难受。

中式棋盘的标准尺寸是46cm×49cm。

日式棋盘的标准尺寸是43cm×46cm。

中式棋盘比日式棋盘大是因为中式棋子比日式棋子稍大一些。

棋盘要做成长方形，则是因为黑白棋子并不是一样大的。

黑白棋子孰大孰小，又为什么会有差别呢？

（2）棋子

1）制式

一副棋子的标准个数是黑子181颗，白子180颗，对应棋盘上361个点。同样一副棋子，黑子比白子个头更大。原因是当黑白子铺满在棋盘上，如果黑白两色棋子同样大小的话，由于视觉原因，白子看上去要略大一些。所以在制作时，把黑子做得稍大可以达到视觉上的平衡。

中式棋子一面凸，一面扁平，正式比赛中多使用云子。黑白棋子厚度一样，根据棋子号数不同，黑子直径比白子长0.2～0.5mm不等。日式棋子两面凸。黑子的厚度和直径都要比白子大出0.3mm左右。

2）材质

• 云子

顾名思义，云子就是"云南的棋子"。唐代有文云："枰设文楸之木，子出滇南之炉。"这道出了云子的产地和大致制作方式，其历史距今至少1000年。

传统云子制作工艺已在清末战乱中失传。直到20世纪80年代前后，专家们根据史料中云子的记载，还原出古云子配方，并经过多次实验最终研发出了新云子，让中国传统围棋棋子重新出现在人们的视野之中。

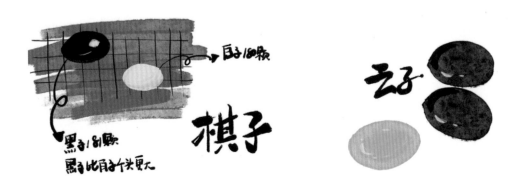

云子的制作选用云南特产的玛瑙石、紫英石等十多种天然矿石原料，再加上红丹粉、硼砂等原料研磨为粉。匠人将配好的粉末状原料放入1200摄氏度的高温炉子里加热，融为液体后滴成棋子的形状。冷却后的棋子经过工人打磨、清洗、分拣后即为成品。

● 蛤碁石

蛤碁石历史可以追溯到日本江户时代，在那之前，日本人用天然矿石打磨而成的棋子下棋。

"蛤"是多音字，可以念"há"或"gé"。当它念"há"的时候，意思是青蛙和蛤蟆的统称；当它念"gé"的时候，就是贝壳的意思。蛤碁石的"蛤"念"gé"，因为白子是用贝壳打磨而成的。黑子原料是一种叫作"那智石"的日本本土矿石。

蛤碁石

蛤碁石的规格根据白子厚度，可划分为20～50号，号数越高，厚度越厚，当然也就越稀有。50号蛤碁石在市面上已很难见到，白子厚度可达14.3mm，拿在手中就像一颗鸽子蛋，没拿稳掉在棋盘上立马就能砸出一个小坑。日本职业棋战　般使用32～38号蛤碁石，白子厚度为8.8～10.7mm。

根据白子贝壳纹路的细密程度，还可以将蛤碁石分为"雪印""月印""实用印"三种规格。其中"雪印"纹路最致密、最高级。高号的雪印蛤碁石十分昂贵。

（3）棋罐

棋罐就是装棋子的罐子，也可以称作"棋盒"或"棋筒"。

制作棋罐的材料一般是木头，木材越珍稀、越漂亮、成品尺寸越大，价值也就越高。

下围棋时，我们时常要将对方的棋子移出棋盘，围棋术语称作"提子"。提起来的棋子应该放在自己这边的棋罐盖子上，所以棋罐盖子背面应该是内凹的，方便放置棋子。

棋罐

之所以会有"将被提掉的棋子放入盖子中"这样不成文的规定，是因为在日韩围棋规则中，最后计算胜负时，被提起的棋子的数量将影响胜负，是至关重要的。所以日韩棋手下棋时，会一个不落地将提子全部放在棋罐盖子上。

在中国围棋规则下，结算胜负时，提子数量不会影响最终胜负，但提子也不能乱扔。扔回人家的棋罐显然不礼貌，放在桌上会显得桌面凌乱。所以按中国围棋规则下棋，提子也应该放在棋罐盖子上。

3. 基本规则

（1）猜先

下围棋黑方先行。

"猜先"是对局之前双方确定黑白的必要流程。

由高段者握若干白子暂不示人（双方段位相同时，由年长者握子），低段者出示一颗黑子表示"奇数"，出示两颗黑子则表示"偶数"。猜对执黑先行，猜错执白。待高段者公示手握白子数量之后，先后手便自然确定。有的比赛规则是猜对一方可选黑白。

（2）行棋

围棋最基本的行棋规则是一人下一步，直至棋局结束。落一子或走一步称为"一手"或"一着"。在围棋语境中，"着"字通"招"，书面表达一般用"着"字。

围棋历史上确实出现过因为在比赛中连下两步而直接被裁判判负的情况。1987年10月7日，日本第12期名人战决赛7番棋第3局在伊豆打响，对战双方是在位者加藤正夫名人和挑战者林海峰九段。前两局加藤正夫获得二连胜，第三局中林海峰已获得胜势，眼见可以追回一局，然而却在棋局的最后鬼使神差连下两手，被直接判负。遭受打击的林海峰在第四局也没能扳回一城，以0比4的战绩输掉了挑战赛。

中国围棋规则下，一方在比赛中连下两步，裁判会判第二手棋无效，并警告一次。被警告一方在计算胜负时会被罚一子。一方在一场比赛中第二次被警告会被直接判负。

第二章

气

象棋类游戏在开局之前会把所有棋子在棋盘上摆好，意味着棋子可以天然地存在于棋盘上。

围棋对局是从无到有的过程，需要棋手一步一步将棋子下在棋盘上，而在行棋过程中，并不是所有的点都能下，这表明围棋棋子存在于棋盘上并不是"天然的"，需要一定条件。

这个条件就是——气，是围棋独有的标志性概念。

1. 气的概念

（1）什么是气

气是棋子的"生命"，是其存在于棋盘上的根本。

与一颗棋子直线相邻的交叉点就是这颗棋子的气，气的量词是"口"，×口气可简称×气。

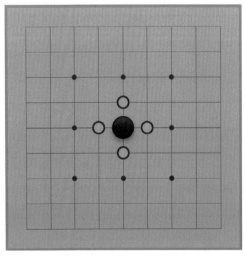

图中○处就是这颗黑子的气，一共有4口气。

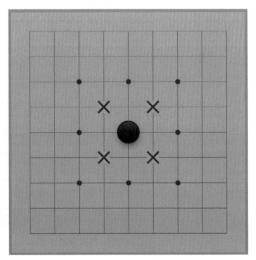

没有与这颗棋子直线相邻的斜向的交叉点，不是这颗棋子的气。

（2）棋子在边界

围棋是有限游戏，棋盘是有边界的，而棋盘边界无时无刻不影响着棋局的进程。

最直观的，棋盘的边线会天然地闭掉棋子一口气。

所以，如果处于边角，棋子的气会变少。

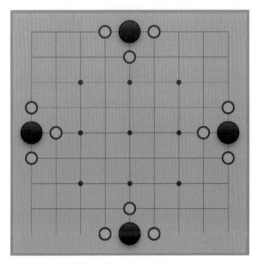

如果棋子在边线，就只有3口气了。

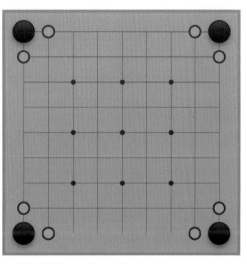

在角落的棋子只有两口气。

（3）对方棋子也能紧气

在围棋语境中，"紧"这个字和"气"息息相关。它既是一个动词，也是一个形容词。

当"紧"是一个动词时，如果我们下了一步棋让对方棋子的气变少，我们可以说：这步棋紧了对方一气。当"紧"是一个形容词时，如果棋子的气很少，那么我们就说这棋的气很紧。

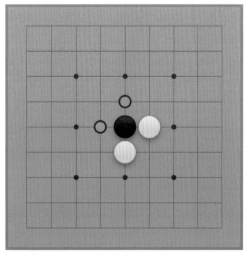

图中黑子只有○处两口气，另外两口气被白子紧住了。

（4）多颗棋子的气

一旦棋子紧密相连，它们会形成一个整体，气会随相连棋子的增加而增长。

数清楚多颗相连棋子的气，往往是围棋老师交给学生的第一个练习。

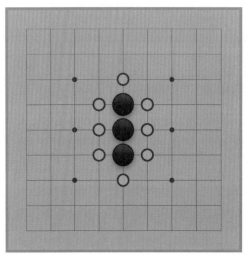

这3颗棋子的气位于○处，一共有8口气。

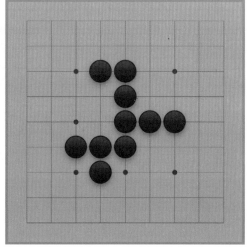

请思考：这一串棋子有多少口气呢？

正解

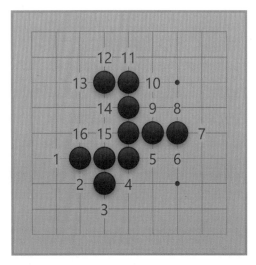

一共有16口气。

2. 打吃

　　打吃是围棋中最基础的攻击手段。无论对方的棋子是只有一颗还是有一大串，我们下一步棋，使对方棋子的气从两气变成一气，这一步棋就称为"打吃"。

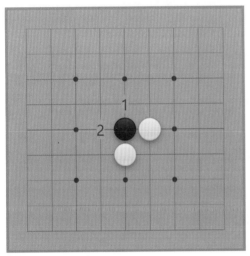 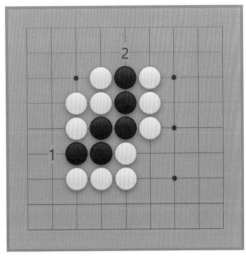

图中黑子已被两颗白子包围，只剩下1、2位两口气。倘若现在该白方下，无论下在1位还是2位，这一步棋都让黑棋从两口气变成一口气，就称作"打吃"。

图中黑棋虽然棋子众多，但也只有两口气，白方走在1位或2位都可以打吃黑棋。

3. 提子

　　如果对方棋子只剩一口气，同时还该我们下的话，我们就可以将对方的棋子移出棋盘了，这就是"提子"。

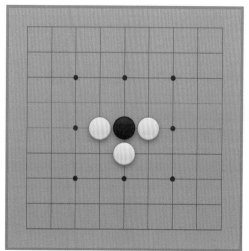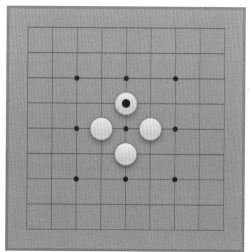

图中黑子只剩一口气了，如果现在轮白方下，白方只需下在黑棋最后一口气的交叉点上，就可以将黑棋提起。

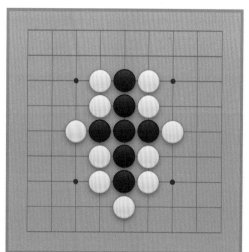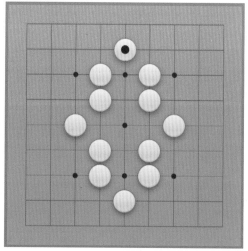

棋子多一些也是一样的。只要白方下在黑棋最后一口气上，就可以把黑棋整体提起。

4. 逃跑

在很多时候，为了避免损失，棋子被打吃之后得逃跑。

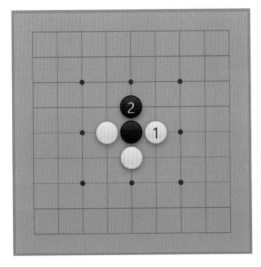

白1打吃之后，黑2采用的是简单、直接的逃跑手段，围棋术语称作"长"（cháng）。

黑棋从一颗子变成了两颗子，棋形变长了。同时，两颗棋子形成了不可分割的整体之后，气也变长了，从被打吃时的一口气，变成了三口气。现在白方已无法用一手棋将黑棋吃掉。

5. 相互打吃

当己方棋子受到威胁，除了逃跑，我们也可以吃掉与己方棋子紧密相连的对方棋子来脱困。相互打吃的局面就是很好的例子。

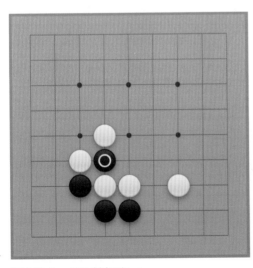

图中黑○一子正被打吃。

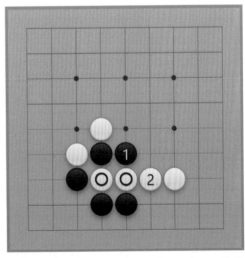

黑1跑出同时打吃白○两子，白2逃出即可和援军相连。

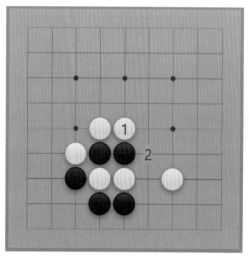

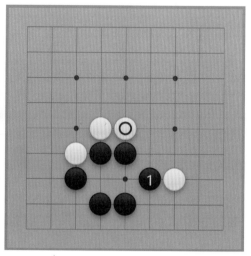

但此时白方没有逃跑，而是选择在1位反打吃黑棋，这就形成了黑白双方相互打吃的局面。请思考：现在黑方要下在2位逃跑吗？

黑方当然不用逃跑，只需下在1位将白棋提起即可。现在我们可以直观地看到，白方无论如何也不能继续威胁黑棋了，此前白○一子打吃是臭棋，"偷鸡不成蚀把米"。

6. 虎口

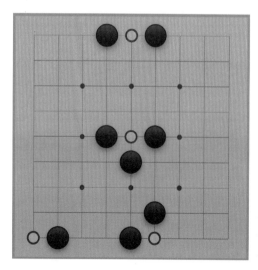

如果一颗棋子被下在棋盘上后只有一口气，会立即被对方提起，落子处交叉点就是"虎口"。

非特殊情况，我们不要将棋下进对方的虎口，否则就会把自己的棋子白白送给对方吃。

图中○处就是虎口。

在中腹，需要三颗棋子形成虎口。

在边路，两颗棋子可以形成虎口。

在角落，一颗棋子就可以形成虎口。

正解

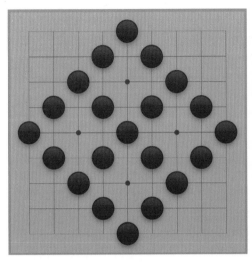

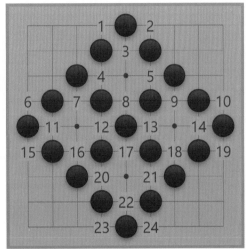

请思考：图中有多少个虎口？

一共24个虎口。

7.禁入点

虎口虽然危险，但围棋规则允许将棋下进去。

禁入点是在中国围棋规则下，棋手不能将棋下进去的交叉点。落子在禁入点就是犯规。

同时满足如下两个条件，一个交叉点就是禁入点：

第一，下进去之后，自己的棋子没有气；

第二，下进去之后，不能提起对方的棋子。

例一

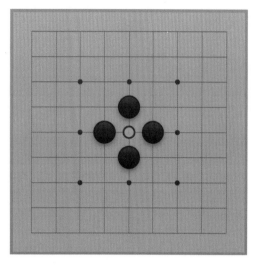

○处是白方禁入点，白方不能落子。因为下进去后自身没有气，而且也不能提起任何棋子。

例二

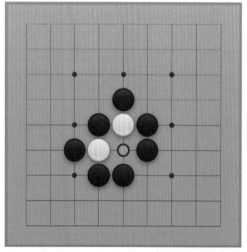

图中○处是白方禁入点，白方不能在此处落子。

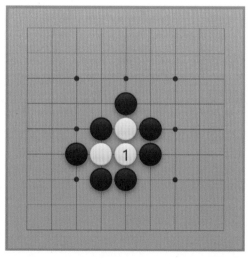

一旦下上去，白棋3子没有一口气，也明显不能提掉任何棋子。

例三

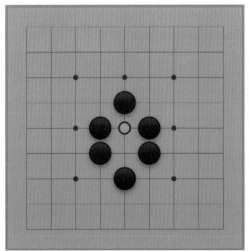

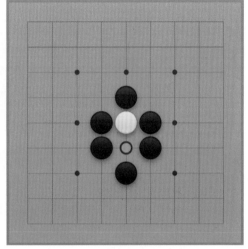

○处不是白方禁入点。

白子下进去之后，还尚有○处一口气。

例四

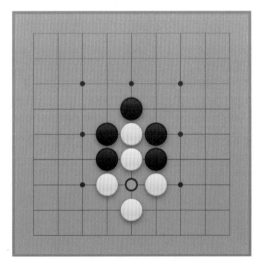

图中○处不是黑方禁入点。

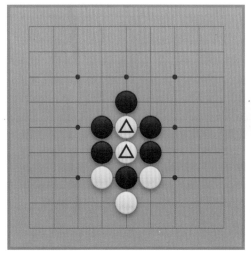

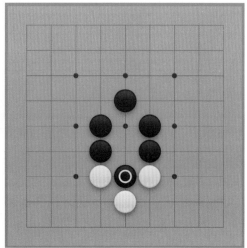

黑方在此处落子，虽然黑子无气，但白△两子也没有气，会被黑棋提起来。

所以黑方落子后会形成这样的结果。

名场面
真假禁入点

▶ 请扫码观看 ◀
详细讲解

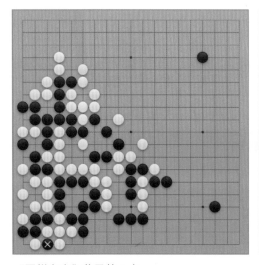

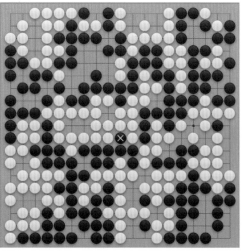

"围棋皇帝"落子禁入点。

虎丸"自杀式"漏着。

第三章

块

如果战场上的士兵各自为战，就很有可能输掉全局。只有团结起来，才能战胜敌人。

棋盘如战场，知道如何将自己的棋子团结起来，或分割对方的棋子，往往是我们取得战斗胜利的基础。

1. 块的概念

例一

棋盘上，无法与己方其他棋子相连的棋子称为一块棋。

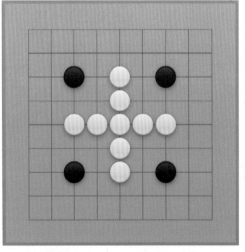

图中4颗黑子各不相连，即便黑方先行也无法相连，所以黑方在棋盘上一共有4块棋。

例二

无论是由多颗棋子组成的一大块棋，还是只有一颗棋子，只要无法相连，都各成一块棋。

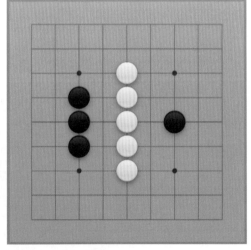

图中左右两边黑棋各不相连，它们各成一块棋。左边棋子多叫一块棋，右边棋子少，也叫一块棋。

例三

哪怕相隔很近，只要棋子没有相连，就不能算作是一块棋。

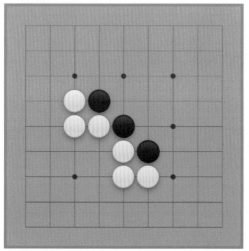

图中3颗黑子虽可以相连但尚未连接，黑方在棋盘上有3块棋。

例四

没有紧密相连的棋子，若不能被对方分断，则算作一块棋。

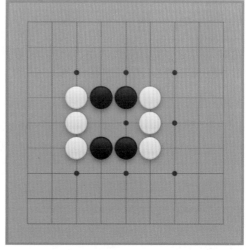

图中黑子形成了"双"的棋形。学习了后面的知识我们就会发现，即便白方先行，也无法分断黑棋，所以棋盘上黑子是一块棋。

2. 强棋和弱棋

当棋子紧密相连，就会成为一个不可分割的整体，同时气也会变多，整体会变得更强。

如果一些棋子没有连接在一起，就相对较弱，容易遭到攻击。例一、例二两图形成了鲜明的对比。

例一

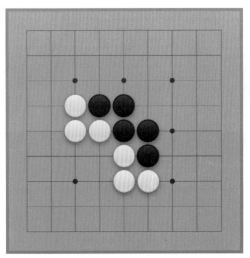

图中黑棋虽然被白棋紧紧贴住，但每一个棋子紧密相连，整体是一块棋，白方没有明显的进攻手段。

例二

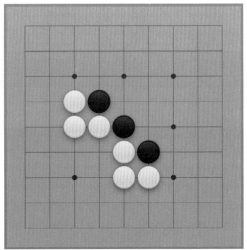

相比例一，黑棋少了两颗棋子。这3颗棋子并没有紧密相连，棋形明显变弱，此时白方有了进攻的机会。

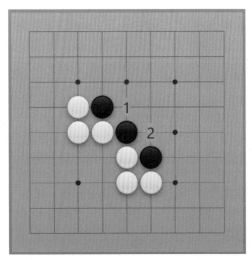

白方无论走在1位或是2位，都可以形成"双打吃"。双打吃的意思是同时形成两个打吃，是一种基本吃子技巧。

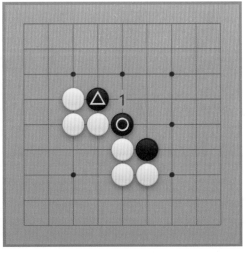

以白方下在1位为例，现在△和○两颗黑子都只剩一口气，同时被打吃。围棋一人下一步，黑方无法两全。

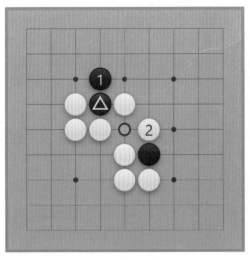
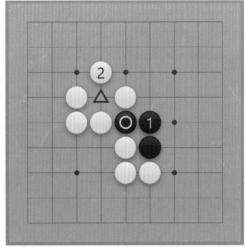

黑1将黑△一子救出，白2便把黑○一子提起。　倘若黑1救下黑○一子，白2便可以提掉黑△一子。

3. 连接和分断

　　棋形的强弱至关重要，如果棋子能够连成一块棋，形成一个强大的整体，那么对方想要攻击就更加困难。相反，如果棋子被对方分开，棋的块数多了，就不容易兼顾，容易被逐个击破，甚至溃不成军。

　　这里面的底层逻辑是：围棋一人下一步，九段高手来，也只能一个回合下一步；多数情况下，一手棋就只能处理一块棋，棋盘上块数多的一方，总是比较难下的。所以，学习基本的连接和分断手段，就是学习防守和进攻的第一步。

（1）断点

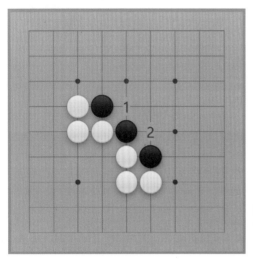

断点是己方下上去可以将两块棋连接，而对方下上去就可以将两块棋分断的点，是双方攻防的要点。图中1位和2位就是黑棋的断点。

（2）连接
1）粘

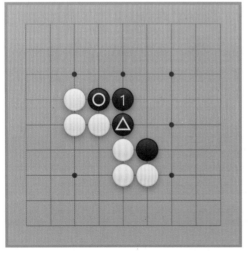

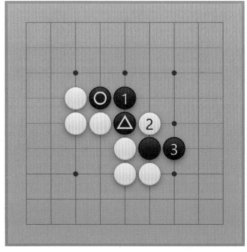

黑方将棋下在1位断点，围棋术语称作"粘"或者"接"，顾名思义就是将棋连接在一起，是围棋中最基础的防御手段。现在1位棋子与○和△形成了不可分割的一块棋，一共有4口气，黑方棋形明显增强。

现在白棋下在2位打吃，依然可以将黑棋分断成两块棋。但由于黑1提前把△一子接回去了，白2就不能形成双打吃了，黑3只需要将被打吃一子长出即可。

2）虎

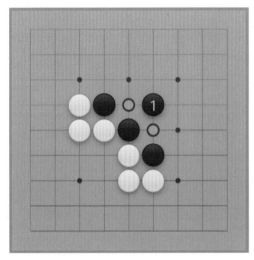

倘若黑方下在1位，就可以在○处同时做出两个虎口。之前的断点变成了虎口，对手就断不进来了。做出一个虎口的一着棋，围棋术语称作"虎"，黑1这手棋同时做出了两个虎口，就称作"双虎"。

3）尖

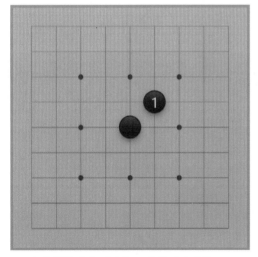

黑1这步棋就称作"尖"，也称"小尖"。
尖的定义是：
第一，落子于己方棋子斜向处；
第二，两子连接处无子。

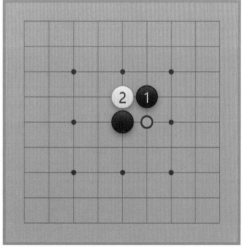

小尖棋形扎实，通常无法被分断。白2之后，黑方粘在○处就可以稳妥连接。同样，白方若下在○处，黑方下在2位即可连接。这两点，黑方必得其一。

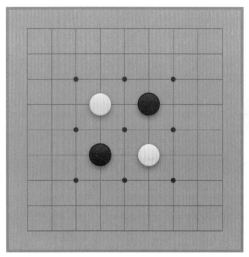

请思考：图中两颗黑子如何连接呢？

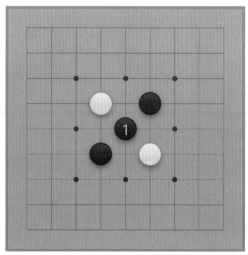

黑方下在1位就可以瞬间做出两个小尖的棋形，将两子顺利连接。此时黑方三子已成为不可分割的整体，无法被白方分断。

4）双

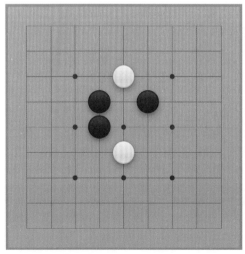

此图黑方棋子是两块棋。

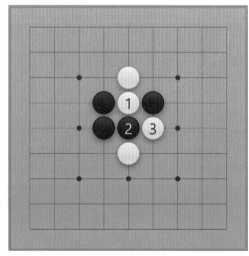

轮白方下的话，1、3两步就可以将黑棋分断。

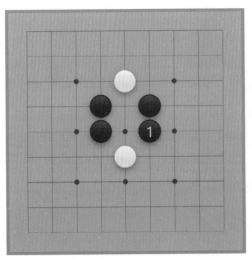

黑1可将两块棋连接,这步棋称作"双"。

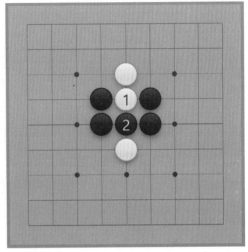

白1黑2,白2黑1,黑方两点必得其一,所以是连接的状态。

5)提

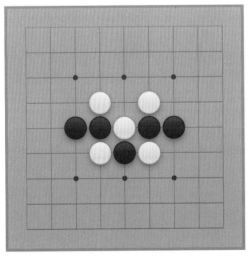

请观察此图,思考三块黑棋如何连接。

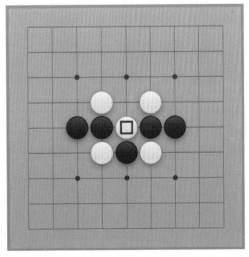

如果提掉棋子可以使两块甚至多块棋连接,那么被提起的棋子就是"棋筋"。图中白□一子就是棋筋。

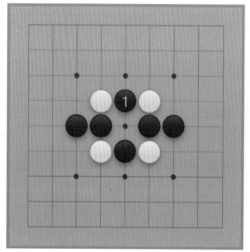

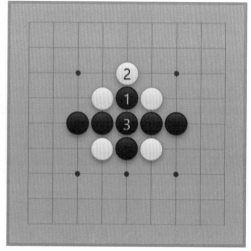

黑1只要将前图□白子提起,3块棋瞬间连成了一块棋。这是因为被提掉的棋子会留下一个交叉点,而这个交叉点实际上是对方的禁入点,白棋都下不进去,所以黑子是连接的状态。

白方只能从外面打吃黑1一子,黑方接上即可,现在就可以更加直观地看到黑棋是一块棋。

（3）分断
1）断

将棋下在对方棋子的断点上，将对方的棋子断开，这样的着法围棋术语称作"断"。

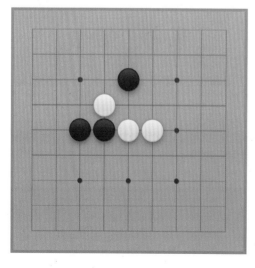

请思考：黑先，下在哪里可以将白棋分断?

正解

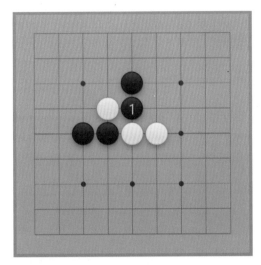

黑1找到对方断点即可分断白棋。

2）断打

切断对方棋子同时打吃的着法称作"断打"。

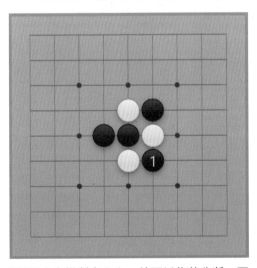

黑1下在白棋断点之上，就可以将其分断。而这样的断是更严厉的，因为黑方断上去是打吃。

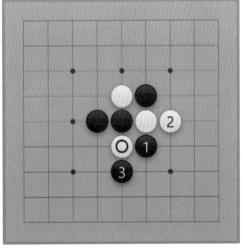

断打之所以厉害，是因为这手棋通常会逼迫对方逃跑被打吃一子。待对方逃跑后，黑方可以先一步采取下一步行动，如黑3就可以继续攻击白○一子。

延展阅读 · 围棋故事与文化

围棋的英文为什么是"Go"？

Chess

大多数人在学习英文时，接触到的第一个有关于"棋"的单词，应该是chess，国际象棋的意思，也能泛指象棋类游戏，但跟围棋八竿子打不着。假如你围棋下得很好，却对老外说，I can play chess very well，那老外只会认为你是一位国际象棋高手，压根不会想到你会下围棋。

那如果在chess前加上Chinese呢？Chinese Chess也不是围棋，而是中国象棋。另外，Japanese Chess是日本一种很有名的棋类游戏，直译为日本象棋，准确的名称应为将棋，英文也作Shogi。将棋在日本的人气与围棋相当，甚至超过围棋，与相扑（Sumo）一起被视为日本两大国技。

Go

围棋发源于中国，拼音Weiqi当然是正统的围棋英文表达。但在国际上，目前人们更加认可的围棋英文表达是"Go"。

虽然有记录称围棋曾从中国传入欧洲，且最早可追溯到16~17世纪，但普遍认为引起西方足够重视的那次传播始于日本。19世纪末，一位叫Oskar Korschelt（奥斯卡·科歇尔特）的德国旅日学者将围棋从日本带回欧洲，并发表论文，将围棋这项神秘的东方游戏系统地介绍给了西方世界。

古时，围棋从中国传入日本后，日语围棋写作"囲碁"。在奥斯卡的论文中，围棋的称呼直接来自"碁"的日语罗马字读音"go"。而后在漫长的发展之路上，Go渐渐成为西方国家对围棋的主流称呼。

　　除了历史原因让Go在国际上的认可度超过Weiqi，后者对于老外来说实则很难发音。他们大多会将Weiqi念成"wiki"，与正确读音有一定差距。相比之下，Go更加干脆、上口。随着当今中国国际影响力不断提高，在西方语言中，"Weiqi"也越来越多出现在学术专著中。

AlphaGo

　　AlphaGo（阿尔法围棋）由Google（谷歌）旗下DeepMind（深度思维）公司开发，是一款围棋AI程序，于2016年3月登上历史舞台，与十四冠王、韩国棋手李世石九段，在韩国首尔展开了一场五番棋巅峰对决。

　　最终，AlphaGo以4比1的总比分胜出，这是围棋历史上，计算机第一次分先❶击败人类顶尖高手。如今，AlphaGo被很多人翻译成"阿尔法狗"。在中文围棋语境中，"狗"就成了围棋AI的代名词，"跑狗"是指利用围棋AI研究着法、变化，而"遛狗"则指偷看AI下法的作弊行为。

Baduk

　　除了中国和日本，韩国也是围棋大国。在英文中，Baduk是韩式表达。所以围棋对应的中日韩主流英文表达，分别是Weiqi、Go和Baduk。

　　此外，Wei-Chi、Goe、I-Go和The Surrounding Game，都是围棋的意思，但不常用。其中，The Surrounding Game是一部关于围棋的美国纪录片的名字，上映于2018年。这个英文短语的字面意思是"包围的游戏"，暗合围棋的下法与规则。

---

❶ 对弈双方以平等条件开始对局。

第四章

劫（一）

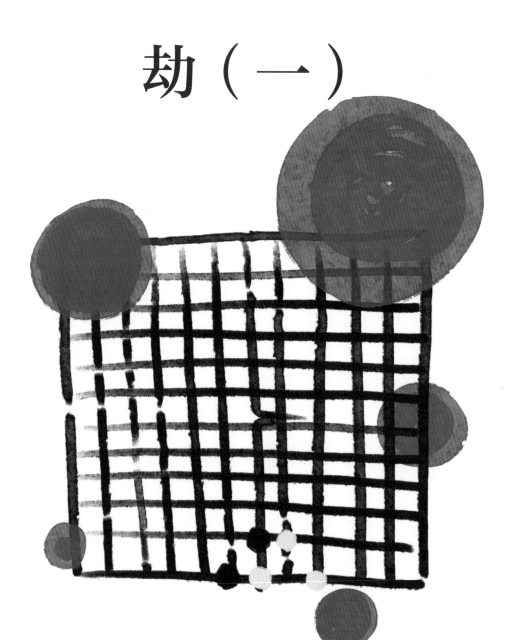

　　"打劫"是围棋中常见的棋形。本章主要讲解"劫"的基本规则，对于初学者来讲，下棋别犯规是第一要务。在学习了足够的知识之后，我们将在"劫（二）"一章中更全面地学习有关"劫"的其他知识。

1. 劫的概念

　　在一个局部，黑白双方可以无尽地相互提子的情况称作"劫"。

（1）劫在中腹

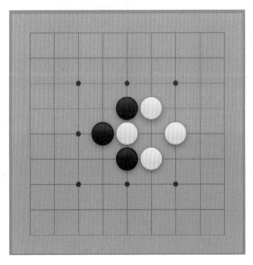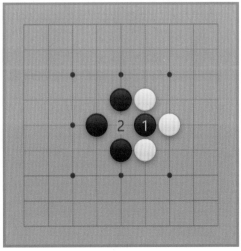

（2）劫在边路

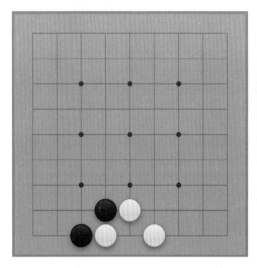 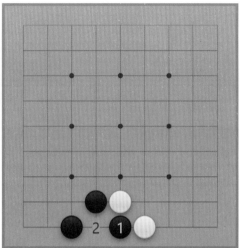

（3）劫在角落

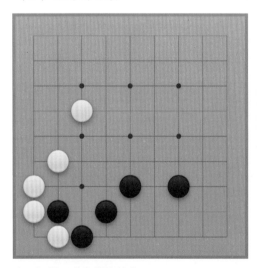 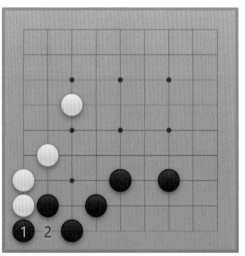

这几组棋形有同样的特点：

当黑方下在1位，白子就会被提起来。同时，1位黑子也处于白棋的虎口之中。要是白方可以立马下在2位将黑棋提起，双方就可以无限相互提子，棋局永远无法结束。

2. 劫的特点与规则

（1）劫的基本特点

- 只有一颗棋子被提来提去。
- 这颗棋子之所以可以被提来提去，是因为它无时无刻不处于虎口之中。

（2）劫的规则

当劫形成时，先被提子的一方，不能立马反提回来。

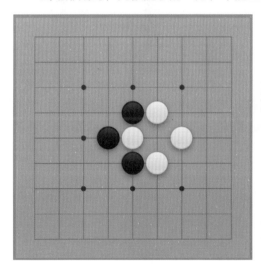 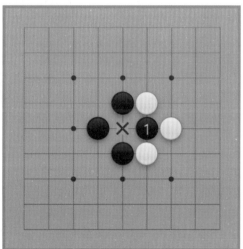

以此图为例，当黑1提起白棋时，白方不能在X位立马提回，否则就是犯规。

3. 打劫的方法

双方围绕"劫"的争斗称作"劫争"或"打劫"。

既然被先提子一方不能马上提回对方的棋子，那么应该如何打劫呢？

（1）劫争形成

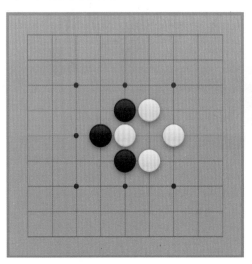

此图是标准的劫争之形。

（2）劫争过程

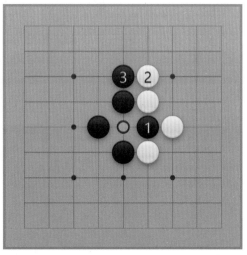

当黑1将白子提起，白2必须在另外的地方行棋，围棋术语叫"找劫"，或"找劫材"。如果黑方认为白2有威胁，必须回应，那黑3就得跟着走，叫"应劫"。如果黑方应劫，白方才能在〇将黑1一子提回。同样，当黑1被提回，黑方也必须找劫后才能提子。

（3）劫争结束

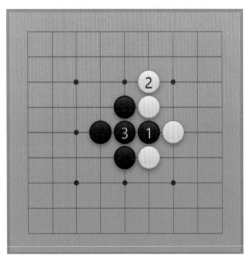

如果黑方认为白2没有威胁，可以不应劫，那么黑3可以把黑1一子粘回来，这手棋称作"粘劫"或"消劫"，局部的劫就不存在了。在棋盘上，我们说消劫一方赢得劫争。而劫败一方则可以在找劫处连下两手而挽回劫败损失。

4. 打二还一

对于初学者来讲，"打二还一"和劫的棋形比较相似，要注意区分。

"打二还一"是指当一方提掉对方两子，对方可以立即提回一子的棋形。

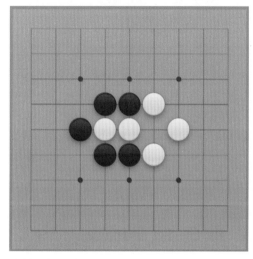

这样的棋形就是"打二还一"。

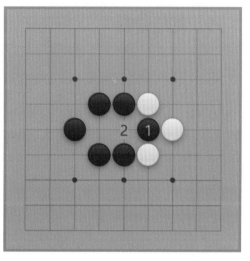

黑方在1位提子后，白方可在2位立即提回一子。但也到此为止了，双方接下来不能像打劫一样相互提子。

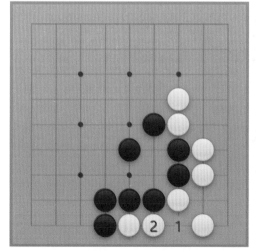

本图为"打二还一"在边路的情形，黑1提起白两子后，白方可下在2位提回一子。

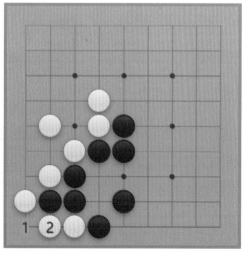

本图为"打二还一"在角落的情形，黑1提起白两子后，白方可下在2位提回一子。

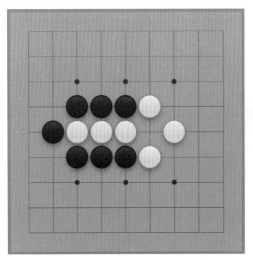

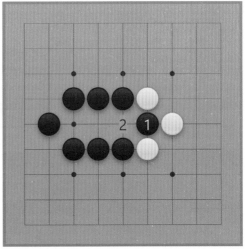

举一反三，这样的棋形叫"打三还一"。

黑1可提三子，而后白方在2位可提回一子。

名场面
武宫正树也会提错劫

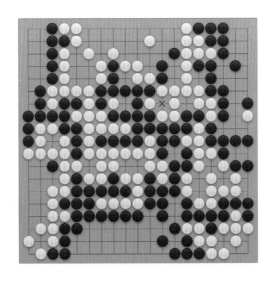

▶ 请扫码观看 ◀

详细讲解

延展阅读 · 围棋故事与文化

棋子还可以猛敲到棋盘上？

在1949年4月27日至5月12日（按照以前的日本围棋规则，一盘棋可以下很久，因为在当时上手可以"打挂"，即主动暂停比赛），后来成为围棋泰斗的吴清源八段（当时段位）和藤泽秀行五段（当时段位）在读卖新闻举办的"吴·新锐挑战棋"比赛中的一盘棋，入选了多年以后的《吴清源自选百局》。在这局棋中，有以下观战记录：

"藤泽秀行五段的对局仪态，上半身拗向左弯着，右手搁在左边腰上，是活像要拔出把刀的姿势。由于是捏住棋子全力敲到棋盘上，盘面宛如地震，连落子处附近其他棋子都会移动。吴先生一边'啊''啊'地不时受到惊吓，一边笑盈盈地把移位的棋子仔细排回原处。黑17手的棋子就是以这种感觉落下来的。"

在中国围棋文化中，落子应该轻柔、干脆，一般不将棋子大力打向棋盘。在中国的职业赛场上，我们很少看到棋手将棋子重重拍在棋盘上的画面。

第五章

入门吃子（一）

行棋过程中，当一些特定的棋形产生之后，我们就可以快速、准确地吃掉对方的棋子。

学会本章的入门吃子技巧就是围棋入门的第一步。

1. 双打吃

己方落子之后，对方两块棋都只剩一口气，我们必然能吃掉其中一块，对方无法抵挡，这手棋就称作双打吃。双打吃这手棋一定是下在断点之上，所以初学者在行棋过程中，要留意自己的断点，断点越少，棋形越强。

（1）例一

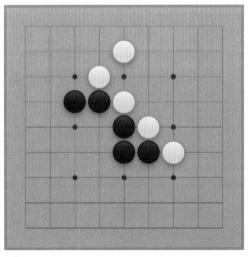

请思考：黑先，下在哪里能形成"双打吃"？

图中白棋只有两个断点，我们只需找到断上去之后对方两块棋同时被打吃的点即可，这考验我们对气的观察。

失败   正解

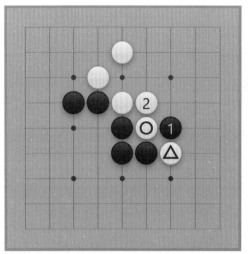 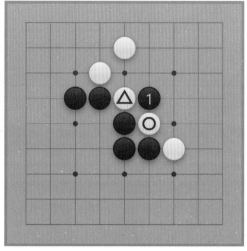

如果黑方打吃在1位断点，白2将〇子救回后，黑方并不能立即吃掉△一子，黑方失败。   当我们断在1位，题目迎刃而解。白△子和白〇子都只剩一口气，同时被打吃，白方无法两全，必被吃掉一子。

（2）例二

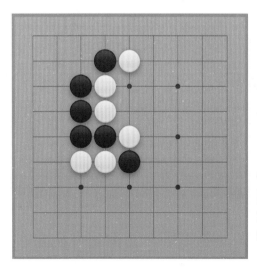

请思考：黑先，如何走出"双打吃"？
图中黑白双方都有多块棋扭在一起，棋形较为复杂，所以"双打吃"并不像之前那样一目了然。最关键的还是要从观察断点入手，找到能"一石二鸟"的好棋。

失败

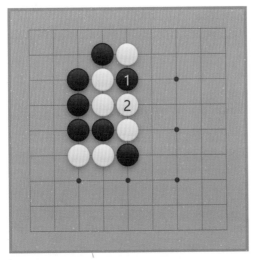

黑方断在1位无谋，白2接上之后，黑方没有后续进攻手段。

正解

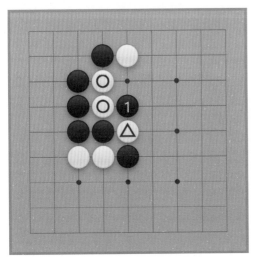

黑方下在1位就可以形成双打吃，白○两子和白△子都只有一口气，白方必被吃掉一块。

2. 门吃

　　"门吃"也称"闷吃"或"关门吃"。将对方棋子封闭起来并形成打吃，对方无法逃出即为"门吃"。

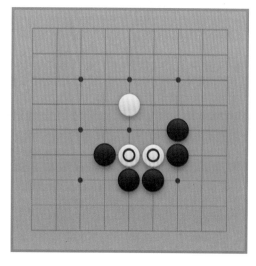

请思考：黑先，如何吃掉白○两子？

失败

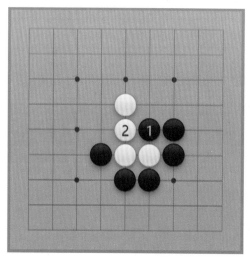

如果黑方打吃在1位，白方顺势在2位接上，与外面的援兵连成一块棋，则黑方无法吃掉白棋。黑1是送白棋两子回家的臭棋。

正解

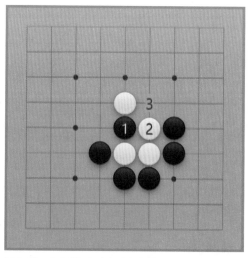

黑下在1位可将白方两子吃掉。只剩一口气的白子向外跑一步还是只剩一口气，将多死一个，黑方可简单在3位将白子提起。

3. 抱吃

　　"抱吃"也称"包吃"，指将对方棋子包住并形成打吃，使对方无法逃出的吃子方法。

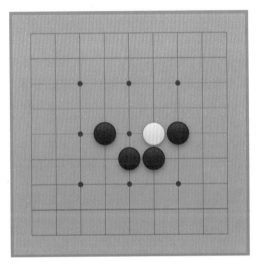

请思考：黑先，想要吃掉图中白子应该落子何处？

失败

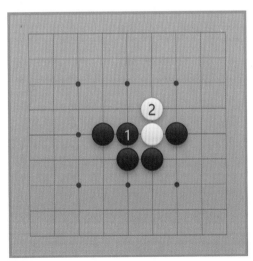

倘若黑方简单在1位打吃，那么白2轻松逃出，黑1是在帮白棋逃跑。

正解

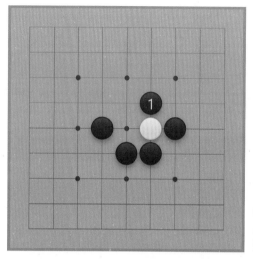

黑1走在外面打吃，白子就跑不了了。现在黑方所有棋子像是把白子环抱住一样，让其无法逃脱。

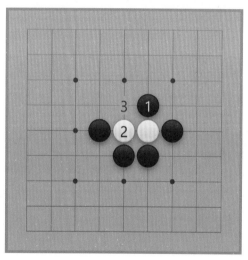

白方尝试逃跑是徒劳，跑一子依然只剩一口气会被黑方在3位提起。

4. 枷吃

意图吃掉对方棋子时不直接打吃，而是用通过封锁对方让其无法逃脱的着法称为"枷吃"。

（1）枷吃常形

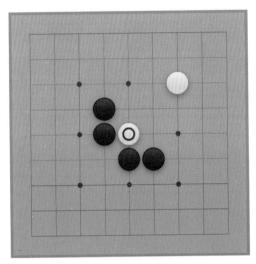

请思考：黑先，如何吃掉白〇一子。

失败

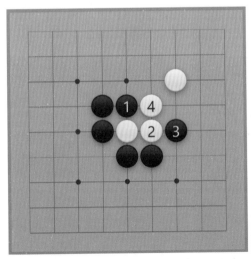 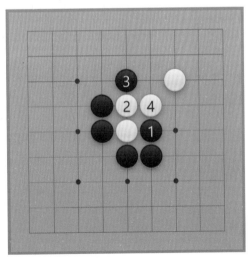

如果黑方以打吃来攻击，白子逃出之后立马就能得到接应，黑方失败。

正解

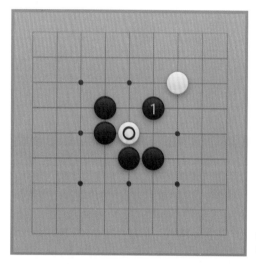

黑方正解应该走在1位，这样白〇一子就被封锁
在里面无法逃出了。

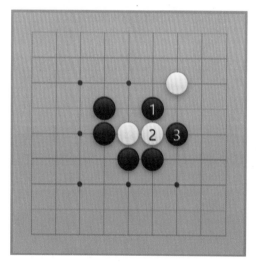

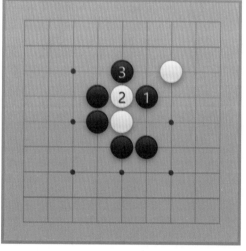

白方无论冲向哪边，黑方挡住后，都会马上形成门吃的棋形，白子只会多牺牲一个。
当枷吃形成的时候，就像给对方棋子套上了一个枷锁，让其动弹不得，只好束手就擒。

（2）两子枷吃

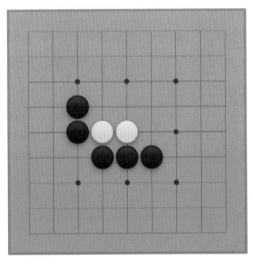

请思考，黑先，如何用"枷吃"的手段吃掉白方两子？

正解

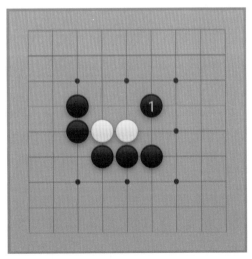

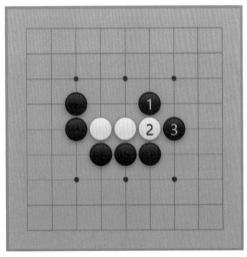

黑1是正确答案，思路一样，黑方要把白子控制在里面无法逃出才能顺利将其吃掉。

白2横着往外冲，黑3就挡住，此时白子只剩两气，已经没有办法再往外逃。

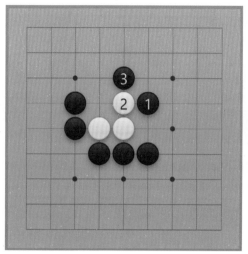

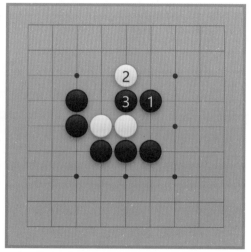

白2往上面冲也是一样,黑3挡住之后白棋由于气紧无法继续向外逃。

倘若白2想要大踏步向外跑,黑3则可以分断两块白棋,里面两子依然只剩下两气,无法逃出。

(3)避开缺陷

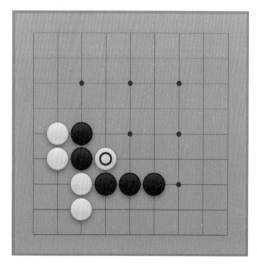

请思考:黑先,如何吃掉白○子?

失败

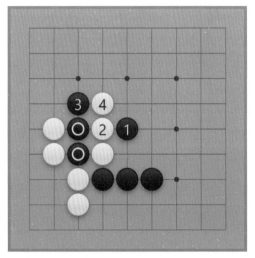

黑1直接枷吃不行，白2逃出是打吃，黑3逃出○两子，白4后白棋顺利逃脱。所以自身棋形有缺陷的时候就不能直接枷吃。

正解

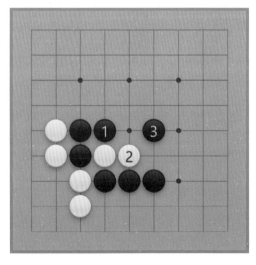

黑1先从上方打吃，待白2逃跑后就可以形成枷吃之形了。现在黑方棋形没有缺陷，白棋无论向哪边冲，都无法突破，黑方得以顺利吃掉白子。

5. 征吃

　　"征吃"又称"征子""扭羊头"，指利用连续打吃，让对方棋子始终只有一口气，最终将对方赶到边界一举歼灭的吃子技巧。

（1）技巧

1）基本图

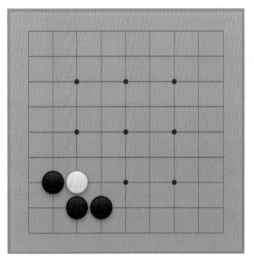

此图是征子的基本棋形，如果现在该黑方行棋，图中白子是跑不掉的。

一方能吃掉征子，就称其"征子有利"。

一方不能吃掉征子，就称其"征子不利"。

2）起手

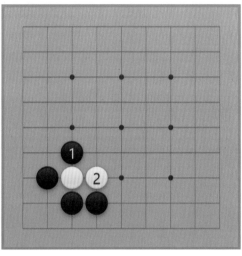

黑走在1位，是成功的第一步。白2虽然可以逃跑，但跑出之后依然只剩两口气。

只剩两口气就意味着黑方下一步依然可以打吃，继续追击、威胁白棋。

3）追击

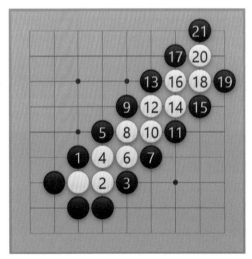

正确的追击方式如图所示：黑方只需要做到连续打吃白棋，就可以将白棋一路追击到棋盘角落，最终将其全部吃掉。这样的棋形像是骑在一只羊身上，让它歪歪扭扭地逃跑，所以人们也把"征吃"这一吃子技巧称作"扭羊头"。

4）不怕断

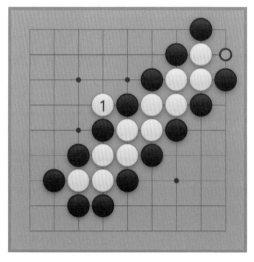

在征吃的过程中，黑方棋形会产生很多断点。这些断点还不是一般的断点，白方任意选中一点断上去都是一个"双打吃"。

但黑方不怕，因为在征吃的过程中，黑方始终在打吃白方大块棋子，白1要双打吃的话，会形成相互打吃的局面，黑方可以先一步在○处将白棋大块全部提起，"双打吃"的威胁也就不复存在了。

5）失败

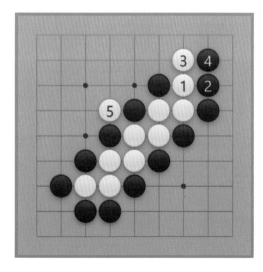

如果黑方在征吃中失误，黑2打吃错方向，白3跑出之后，黑方无法再继续打吃白棋大块。缓过气来的白方就可以任选一处"双打吃"，吃掉黑棋的棋子来脱困。黑方棋形也就此崩溃了。要想在征吃中不失误，一路追击将对方一网打尽，就得知道"扭羊头"的"头"在哪里。

6）"头"的概念

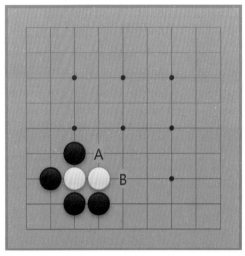

如果现在该白方下，白棋逃跑面临A和B两个选点。白棋走在A位有3口气，而下在B位则有4口气，所以走在B位气会更长。

如果我们下一步棋，能使一块棋的气变得最长，那么这步棋所在的交叉点就是这块棋的头。此图，B位就是白棋两子的"头"，把"头"长出来了，气就会变得更长。

所以如果黑方要征吃白棋，就应该打吃在B位而不是A位，每一步打吃都一定得打在白棋的"头"上，这样才能让白棋始终只有一口气，最后吃掉白棋。

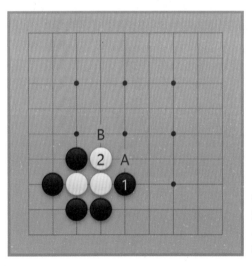

黑1白2后征吃继续，现在黑方依然面临A、B位选择。按照之前的方法，我们判断出白棋的头在B位，所以黑方打吃在B位就可以继续征吃白棋了。

（2）引征

1）概念

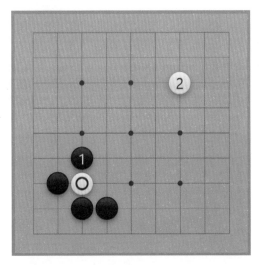

"引征"是指当一方棋子被征吃，于征子线路上落子，以此来接应被征吃的棋子。黑1之后，白○一子已经无法逃跑了。但白方可在白2处引征，这步棋在黑方征吃白子的必经之路上，所以白方是在威胁将白○一子逃出。

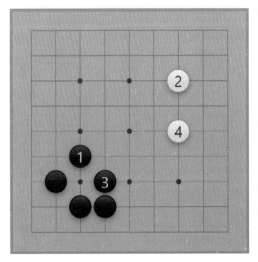

如果黑3将白子提起，吃掉征子，那么白4就走在另外区域。相当于白方通过威胁跑征子，在另外的地方连下了两步，以挽回征子被吃的损失。

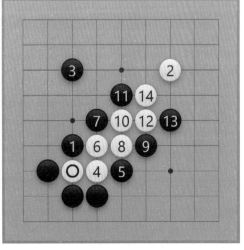

面对白2引征，黑3不予理睬的话，当初白方被征吃的○一子就可以逃跑了。如果黑5开始执意要征吃这一颗有接应的棋子的话，那么至白14，白棋顺利逃脱而黑棋一身断点，棋形崩溃。

2）应对

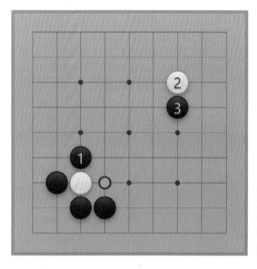

面对白2引征，黑方除了在○位提子消除引征威胁，也可下在3位，是更高级的战法。这一步棋纠缠白2的同时让其引征失效。这需要一定的计算力，对于初学者来说比较困难。

（3）打吃方向

在一些情况下，我们必须注意打吃的方向才能成功征吃对方棋子。

1）己方棋子不能被打吃

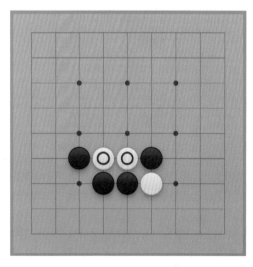

请思考：黑先，如何吃掉白○两子？

失败

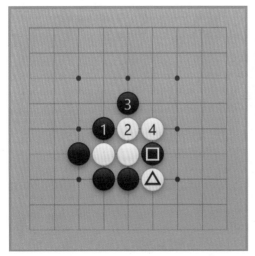

正解

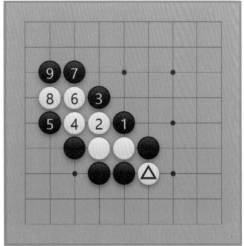

由于有白△一子存在，黑方在发起进攻时要谨慎。倘若黑在1位打吃，至白4，黑□一子被打吃。

如果黑方逃跑被打吃一子，白方将轻松逃出。

黑方应该在1位打吃，如此白△一子就不能发挥任何作用了。

2）避开引征

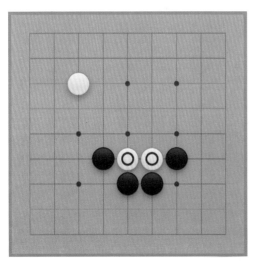

请思考：黑先，如何征吃白○两子？

失败

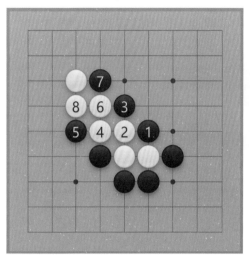

正解

黑1是错误的打吃方向，行至白8，白棋已经顺利和援兵相连。

想要成功吃棋就必须避开对方引征的棋子。黑1打吃在另外一边就可以将白棋顺利征吃。

3）二路征吃

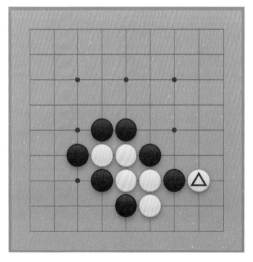

请思考：黑先，如何完成征吃？注意白△一子的威胁。

失败

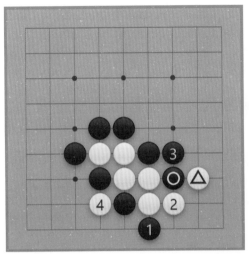

正解

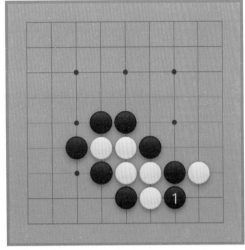

如果黑方吃在1位，白2跑出刚好可以打吃黑○一子。黑3选择救出○一子，则白4终于可以腾出手来反戈一击，对黑棋进行双打吃，黑方失败。

为了避开白△一子的影响，黑1打吃在这个方向才能顺利吃掉白棋。

延展阅读·围棋故事与文化

围棋职业赛场上的饮食

中韩棋战

对于职业棋手来说，饮食变成了赛场上一件棘手的事情。2010年前后，中韩围棋逐渐取消午休制度，一旦开赛，非特殊情况不能暂停，直至比赛结束。围棋比赛耗时之长，就像是一场马拉松。耗时最长的围棋比赛需要从上午下到傍晚（日本两日制棋战除外），选手们必须连续鏖战七八个小时。

中韩主办的比赛中，主办方一般会为棋手提供高级、丰富的茶点和饮料。有需要时，棋手可

以在旁吃完再回到座位继续比赛。一般来说，主办方不会提供饭菜，最主要的原因是比赛不能暂停。即便提供，大多数棋手也不会吃多少，一来时间宝贵，二来毕竟消化也是一份"体力活"。

日本棋战

如今日本围棋的发展道路牺牲了一定的竞技性，保留和传承了围棋中的艺术元素。在日本棋界，棋圣战、名人战和本因坊战这三大棋战保留两日制的传统，即两天下完一局棋。比赛每一局都在不同的地方举行，一般是日本国内的著名度假胜地或豪华酒店。设置相对奢侈的对局条件，目的之一是吸引人们眼球，更好地推广围棋。

比赛期间，主办方会为棋手准备当地特色佳肴当作午餐。对局进行到下午，还会有工作人员进入对局室询问棋手下午茶的选择。在重要的正式比赛中，安静的对局室里，棋手还可以和裁判组之外的人交流，在很多人看来难以置信。同时，棋手选择的餐食也被日本媒体称为"胜负餐"，是棋战报道的重要内容之一，为棋迷津津乐道。

在两日制比赛中，"打挂""封盘""封棋"都是暂停棋局的意思。比赛第一天下完暂停一次，第二天须结束棋局。封棋前的最后一手称为"封手"，此手记录在棋谱上存入信封交给裁判，不让对手看见，第二天续弈时再摆到棋盘上。如果没有"封手"，对休息前下出最后一手的棋手来说是不公平的。早期的日本比赛是没有"封手"的，而上手可以随时"打挂"，规则对下手十分不公。

第六章

入门吃子（二）

本章的吃子技巧相比上一章来说难度更有挑战性，所有的问题并不是一步棋就能解决，需要在脑海里多想一想。落子之后对方会下在哪里，自己又该如何应对，这就是计算。计算力是棋类游戏水平强弱的根本，围棋中最简单的计算，就从本章开始。

1. 扑与倒扑

虎口虽然危险，下进去就会被提起来，但有些时候就是要下进对方的虎口才是好棋。

将棋下进对方虎口，围棋术语称作"扑"。

（1）扑

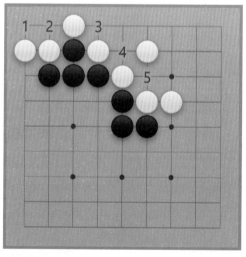

请思考：本图一共有5个虎口，黑先，落子于哪个虎口，才有后续攻击手段？

失败

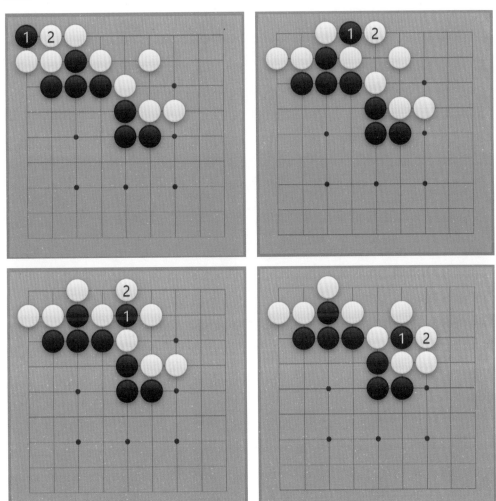

通过以上4图我们可以看到，把棋子下在这4个虎口中是没有意义的。

黑1扑进虎口被白2提掉之后，黑方没有任何后续手段。

正解

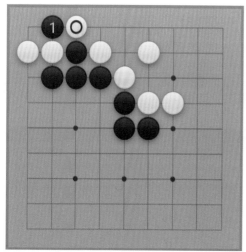

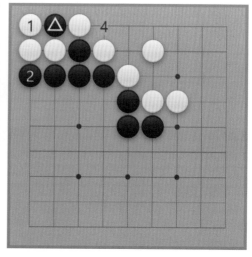

黑方唯独下在1位可以产生奇效。目前○一子正被打吃，白方必须做出回应。

3＝△

如果白1提起黑子，黑棋会在2位打吃，此时白方已经不能在△位接上了，接上也只剩4位一口气，会被全部提起。这种局面围棋术语称作"接不归"，而产生"接不归"的原因就来自黑方的妙手一扑。

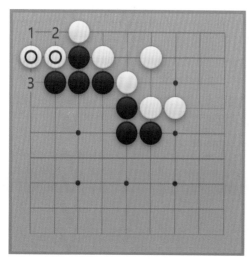

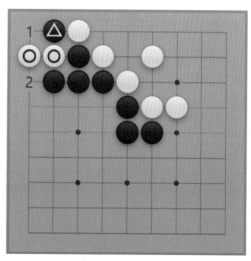

黑方在扑之前，白○两子还剩3口气。

被黑△扑之后，白○两子只剩两气了。

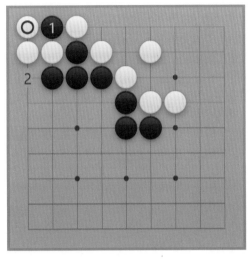

白方提子之后依然只剩两气，花了一手棋，但自身的气却不见增长，实属无奈。原因是将黑棋提起的○一子，也占了一口气，导致白棋整体气紧。

黑方在2位打吃后，白方无法抵抗，逃不过棋子被吃的结果。所以扑这一着，其中一个作用是：让对方棋子的气变得更紧。其另一作用是破眼，将在之后详细讲解。

（2）倒扑

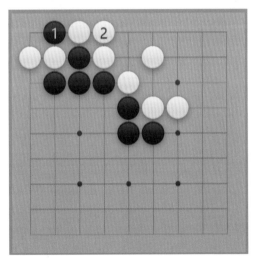

请思考：当黑1扑，白2粘上被打吃一子，黑方还能继续进攻吗？

正解

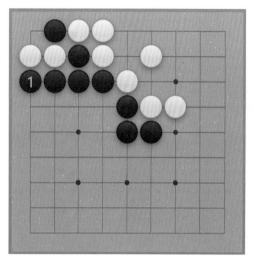 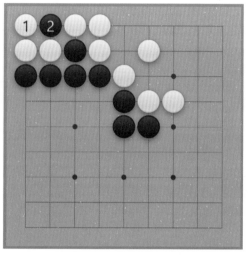

黑1之后，局部将形成"倒扑"之形，白棋还是会被吃掉。

"倒扑"指当一方提掉一子自身依然只剩一口气，会马上被对方提起而无法脱困。白1则黑2提起白子，这就是"倒扑"。

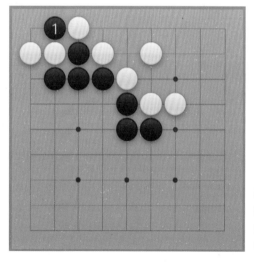

所以当初黑1扑在正确位置之后，白方已经无法抵抗，要么被吃"接不归"，要么被吃"倒扑"。正确掌握"扑"的时机和位置，往往能够在局部出"棋"制胜。

2. 接不归

打吃对方棋子后，对方接上也只剩一口气，会被己方全部提起的棋形是接不归。

（1）常形

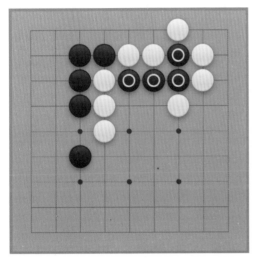

图中黑○四子只剩下两口气了，岌岌可危。

通过之前的学习我们知道，这四子要想往外跑是没有出路的。请思考：黑先，还有没有别的方法自救呢？

思路

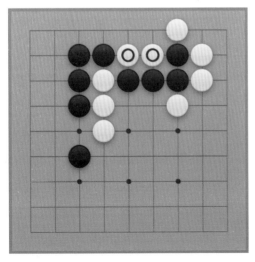

当前局面下，黑方思路应该是：既然跑不出去，就想办法吃掉与自身紧密相连的白○二子来脱困。这样的思路在"相互打吃"小节中提到过。

正解

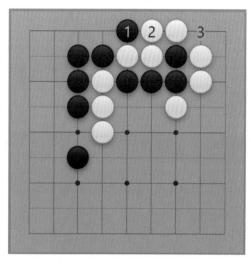

黑1打吃后，就会形成一个典型的接不归棋形，白2无法粘上，否则会被黑3全部提起。

也就是说，当黑1打吃后，白方被打吃的两子就已经阵亡了。

（2）乌龟不出头

"乌龟不出头"也许是大家在初学阶段能见到的最有意思的棋形了，其本质就是"接不归"。

▶ 请扫码观看 ◀
详细讲解

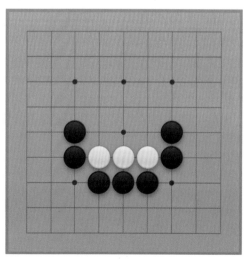

请思考：白先，白三子能否逃出？

3. 边线吃子

棋盘的边界就像是悬崖，一旦棋子被逼近边界，便无路可退，被吃掉的风险大增。本小节聚焦三路、二路和一路的基本吃子技巧。

（1）吃一路子

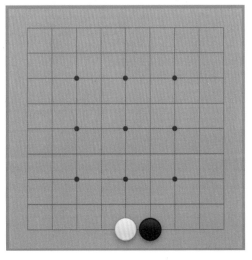

请思考：黑先，能否吃掉白棋？

失败

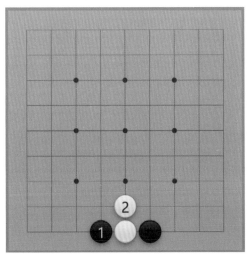

吃棋的时候一定要注意打吃方向，黑1这步棋是"恭送"白棋逃走。

正解

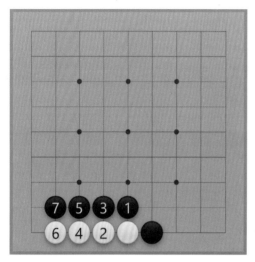

黑1打吃在上面白子就已经死了,若跑只会越死越多,黑方可以一直打吃将白棋压制在一路线使其无法逃脱,所以"一路线"也有被称作"死亡线"的说法。

(2)吃二路子

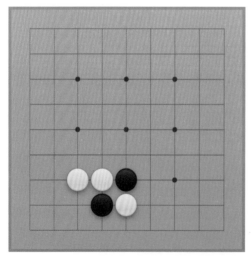

请思考:黑先,该如何吃子?

失败

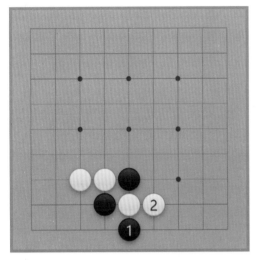

很显然，黑1没走对，将白棋送走了。
边线吃棋一定是想办法将目标棋子往边线赶，
让边界帮助我们将其击杀。

正解

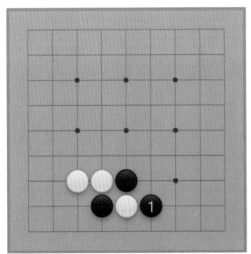

黑1从外向内打吃，就可以顺利吃掉白子。

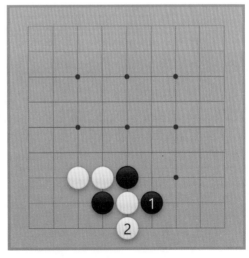

白2逃跑是没有意义的，只会多死一个。接下
来黑方无论打吃在哪边都可以将白棋吃掉。

（3）吃三路子

对方棋子在三路，就有更多空间可以活动，吃棋的难度增加，我们不仅要知道要将对方棋子往边路赶，也要知道当对方逃到二路之后该如何应对。

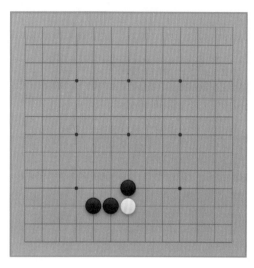

请思考：黑先，应该如何吃掉白子？

正解

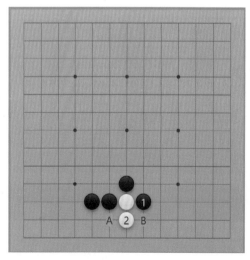

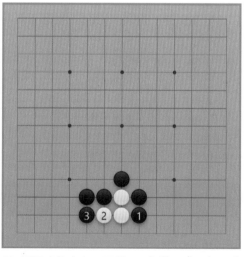

通过之前的学习，第一步我们不会再走错，应该将白子往边线赶。现在延伸出了A、B两个继续追击白子的选点，该挡哪一边呢？

黑1是正确的方向。至黑3，白棋只剩两气无路可逃。仅仅3步棋，是非常简明和清晰的计算。

变化

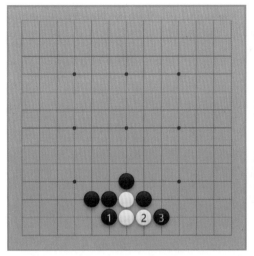

如果挡在另外一边，白2拐出之后，因黑3无法扳下，对于初学者来讲情况会复杂很多。

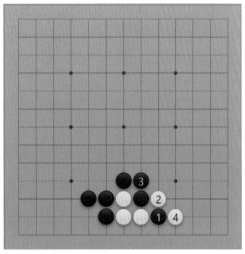

假如黑1扳下，白2打吃之后待黑3接上，白4就可以顺利吃掉黑1顺利逃出，黑方得不偿失。

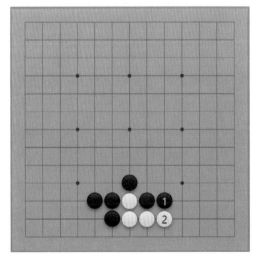

黑1只能退，白2爬之后立马就有了四口气，黑方还想吃掉白棋，经历的战斗就会比之前挡在另外一边复杂很多，对于初学者来讲是比较困难的。

总结

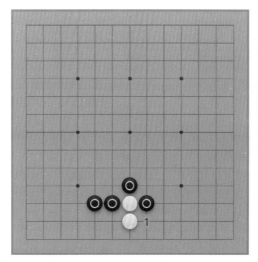

初学者要认准此时黑方○四子的棋形，下一手在1位一挡，白棋将无路可逃。

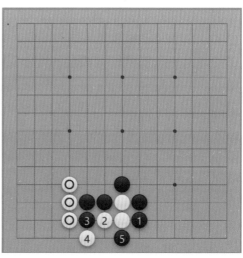

即便白方在很近的地方有白○数子接应，也是于事无补，至黑5，局部是接不归。

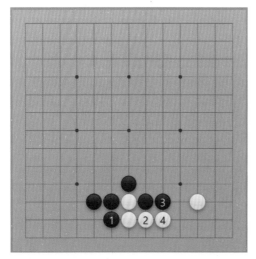

如果黑方挡在1位，即便白方在更远的地方才有接应，也可以将棋子轻松接回家。

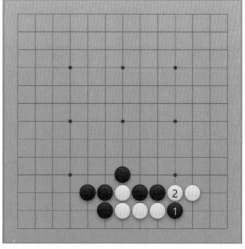

此时黑1已经无法强行扳下阻断白棋，白2断之后黑1只有两气，已无法逃脱。

延展阅读·围棋故事与文化

三星杯历史一刻

2020至2022年，国际比赛不能面对面下棋，棋手只能对着电脑屏幕比赛。一项国际比赛在最开始规定好了用电脑对弈，即便下到最后只剩同国选手对抗，也不能面对面下棋，还是只能用电脑比赛。既然这样，棋手边下棋边对着屏幕吃东西似乎就不是无礼之举了。

2022年11月4日，同为韩国棋手的崔精九段和卞相壹九段在第27届三星杯世界围棋大师赛半决赛相遇。比赛画面显示，两人相隔三五米，各自对着电脑下棋。崔精为这场比赛准备了香蕉，时不时吃上两口补充能量。

这盘棋对弈到最紧张激烈的时刻，卞相壹因局面过于被动，重压之下情绪失控，哭着抽自己耳光。崔精则淡定看着屏幕，脑袋不曾挪动半下。围棋的胜负世界之残酷，从此画面可见一斑。

崔精将优势保持到最后，此战击败卞相壹后创造了历史，成为世界范围内首位杀入世界围棋大赛决赛的女子棋手。决赛崔精败给申真谞九段获得亚军。

第七章

入门死活

棋子气多当然不容易被吃掉，但并不是气多就一定能存活在棋盘上直至棋局结束。

本章聚焦围棋的死活，我们将把眼光放得更长远，不用拘泥于个别棋子的安危。利用技巧，我们可以吃掉对方多枚棋子相连的一大块棋。"一大块棋"在围棋中也称为"大龙"。杀掉对方大龙对于初学者来说，总是令人欣喜愉悦的"成就"。

1. 先后手

在正式进入死活学习之前，我们要介绍围棋中很重要的先后手相关概念。

（1）先手

先手是指一方落子之后，另一方一般要对这手棋作出回应，否则就会遭受一定损失。先手有可能是打吃，对方不应，就可以提掉对方的棋子；也有可能威胁对方一块棋的死活，对方不应，就可以杀掉这块棋。

（2）后手

后手是指一方落子之后，这手棋并不能给予对方足够的威胁，对方可以选择不回应，进而在他处行棋。

（3）脱先

对对方的着法置之不理而转投他处，称为"脱先"。

2. 眼

在很多时候，"眼"比气更加重要，关系着棋子的生死存亡。眼就是由同色棋子围出来的封闭的交叉点，有真眼和假眼之分。

（1）真眼

对于初学者来说，有少量需要死记硬背的知识，判定真眼就是其中之一。

我们需要记住在棋盘的角落、边路和中腹，各需要几颗棋子可以形成一个真眼。

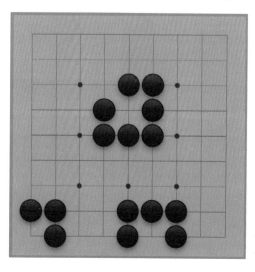

在角落，3颗棋子形成一个真眼。
在边路，5颗棋子形成一个真眼。
在中腹，7颗棋子形成一个真眼。

（2）真眼与活棋

当一块棋有两个真眼，即便这块棋外围被对方围得死死的也是活棋，棋盘上无法被提起的棋，就是活棋。

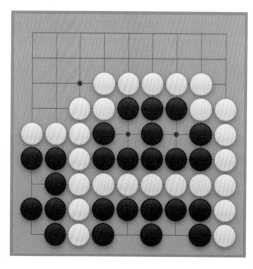

图中三块黑棋均被白棋团团围住，外面一口气也没有。但这三块棋都是活棋，因为它们分别有两个真眼。一块棋有两个真眼就表示同时拥有两个对方的禁入点，也可以说同时有两口独立的、无法被对方紧掉的气。围棋一人下一步，有两个真眼的一块棋永远无法被对方提起来。

（3）禁入点当棋子用

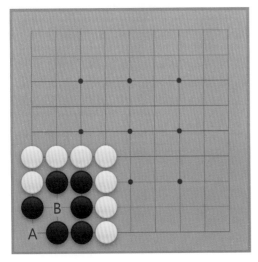

图中A眼在角落，按理说要3颗棋子才能围成一只真眼，但B位是白方禁入点，所以A位可以看做是由3颗棋子围成的真眼。

同理，B眼不在边角，要7颗棋子才能围成真眼，由于A位是白方禁入点，所以B位也可以看成是由7颗棋子围成的真眼。

黑方这块棋有两个真眼，是活棋。

（4）假眼

初学者要牢记将一个眼围成真眼的棋子数量，少一颗棋子都不行。

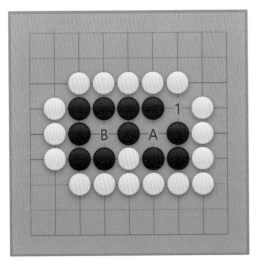

当前局面下，A眼由于只有6颗棋子组成，所以尚未成为真眼。倘若现在该白方下，走在1位就可以打吃黑○三子。

当一只眼遭到破坏，另一只B位真眼也就形同虚设了。如有需要，白方走在1位后，可以在A位花一手棋将黑三子提起，再下在B位将剩余黑子全部提起。

也就是说，黑棋在白方1位打吃后，就只不过变成了有两口气的死棋了而已。

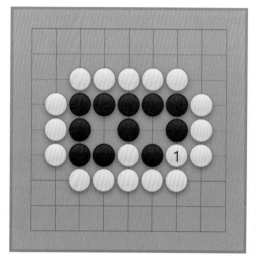

倘若黑棋缺少的棋子在1位，而又被白棋占住，黑棋还是死棋。乍一看局部是打劫，黑棋可以通过打劫苟活吗？

不行。

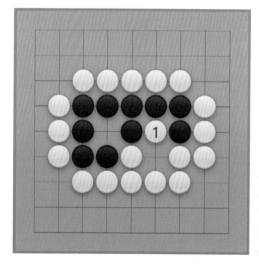

当白1提，黑方必须在他处找劫，待白方应劫后将白1一子提回来。但劫材总有找完的时候，当黑方无劫可找，白方就可以不应劫将黑方吃掉。所以下成图中模样，黑棋无法做出两个真眼就已经死了。在包围圈不出问题的情况下，黑棋就是死棋，白方不用花两手棋提子。

（5）盘龙眼

"盘龙眼"是围棋中一种著名的棋形，只要能走成类似棋形，被团团包围后，一块棋即便只有两只假眼也是活棋。

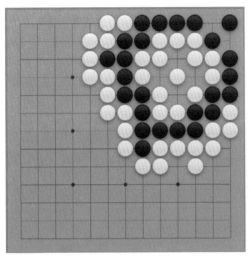

此图出自《发阳论》。《发阳论》的作者是日本围棋名家桑原道节，成书于18世纪初，是围棋历史上最经典的围棋著作之一。书中大多是难度较高的死活题，是高水平棋手训练死活的常备书籍。几个世纪以来，每个时代都有知名棋手专门出书研究和探讨《发阳论》中题目的各种答案，时至今日也没有一本书可以穷尽其中的每一个变化。

本图是《发阳论》其中一道题目形成的结果。观察后我们发现，黑棋两个眼都是假眼，但由于自身棋形盘着白方一块棋绕了一圈，此时假眼也变成了真眼，两个交叉点均是白方禁入点，所以黑方大龙竟是活棋。

多数棋友穷其大半辈子也无法在实战中走出"盘龙眼"的棋形，要是无意中把棋下成这样而做活一块，可得好好保存棋谱呀！

（6）做眼和做活

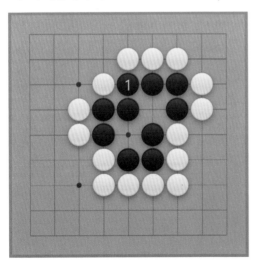

黑方想要活棋，黑1只此一手。

做出一只眼来，围棋术语称作"做眼"。

走了一手棋之后，一块棋变成了活棋，这手棋便称作"做活"。

（7）破眼和杀棋

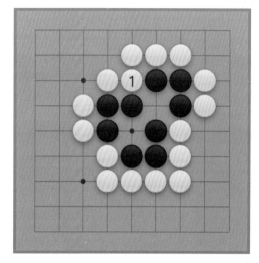

敌之要点我之要点，是很著名的围棋谚语。

若现在该白方行棋，同样走在1位就可以让黑棋做不出第二个眼，这手棋称作"破眼"。

"破眼"就是占据对方做眼的关键交叉点，让对方的眼无法成为真眼，往往是杀掉一块棋的必要着法。

3. 基本死活常形

一般来说棋子有死、不活与活三种状态。

（1）死形

若一块棋是死形，即便轮防守方下也无法做活。

1）直二

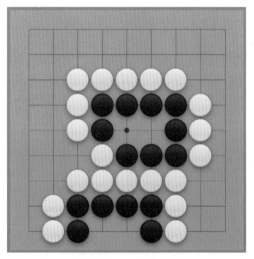

"直二"也称"两格大眼"，被团团围住之后，本质上讲就是只有两口气的一块棋，只能算作一个眼，是死棋。一块棋仅剩两口气又要活棋，那么这两口气必须各自独立，才能形成两个禁入点，让对方无法下手。

2）方四

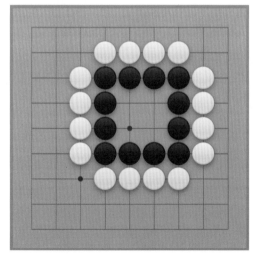

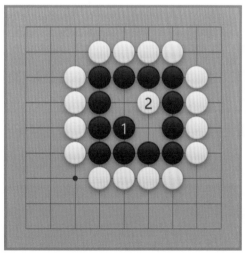

"方四"内部空间是一个像方块的四格空间。由于空间特殊，即便轮防守方黑方行棋也无法做活。所以"方四"只能算作一个眼。

黑1之后局部形成我们接下来要学习的"弯三"，白2在拐弯处一点即可杀棋。

（2）不活

不活，顾名思义就是"没有活"。

实战中的棋形往往比较复杂。一方处理自己不活的棋，有可能走一步还是不活。一方攻击不活的棋，攻不好可能反倒让对方轻松做活。围棋世界很复杂，充满不确定性。

但被完全包围的不活常形简单明了，防守方走一步做活、进攻方走一步杀棋，需要一眼就看出答案，如同数学中1+1=2这么简单，属于围棋中最基础的基本功之一。

1）直三

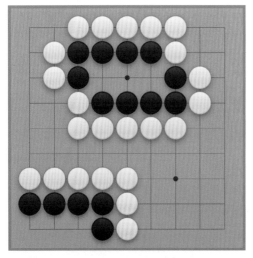

"直三"由笔直的三个交叉点组成。

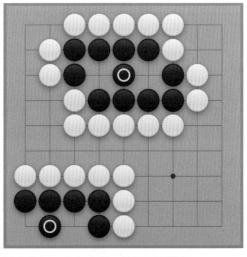

黑方先行，走在中间○位可两眼做活。

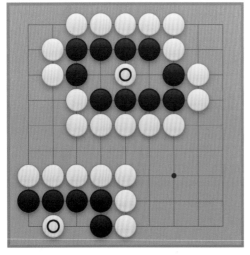

白方先行，同样点在中间○位，黑棋因无法做出两只眼而成为死棋。

2）弯三

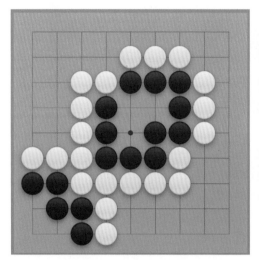

"弯三"由三个交叉点组成，中间拐了一道弯。

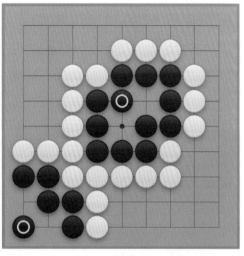

黑方先行，下在○处对称中心点即可两眼做活。

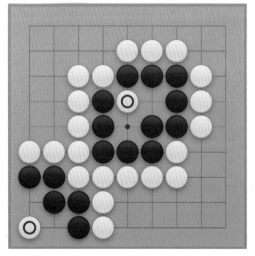

白方先行，点在○处，黑棋则无法做出两只眼而成为死棋。

3）丁四

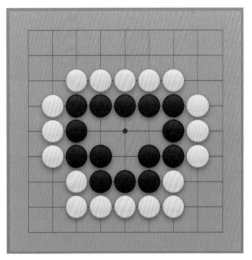

"丁四"由四个交叉点组成，因长得像"丁"字而得名。

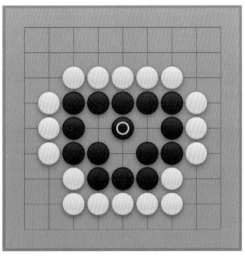

黑方先行，走在○处可以做出3个真眼，活棋。

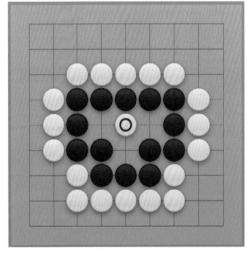

白方先行，点在○处，黑棋则无法做出两只眼而成为死棋。

4）刀把五

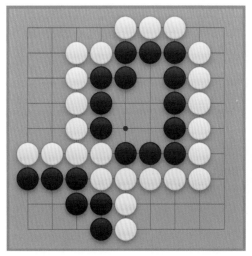

"刀把五"由五个交叉点组成，因长得像把刀而得名。

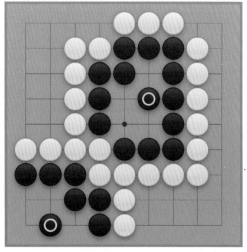

黑方先行，下在○处之后，"刀把五"内的空间被划分成一个"弯三"和一个真眼，活棋。

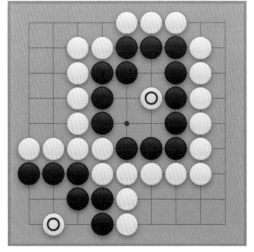

白方先行，点在○处，黑棋则无法做出两只眼而成为死棋。

5）梅花五

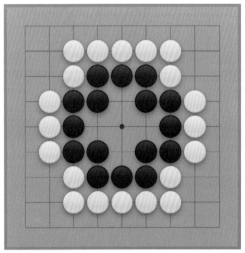

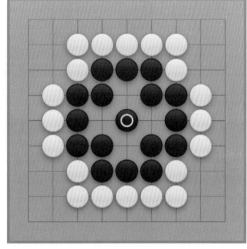

"梅花五"由五个交叉点组成，因长得像一朵梅花而得名。

黑方先行，点在正中立马做出4个真眼，活棋。

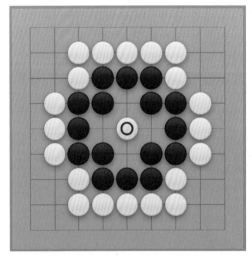

白方先行，点在〇处，黑棋则无法做出两只眼而成为死棋。

6）梅花六

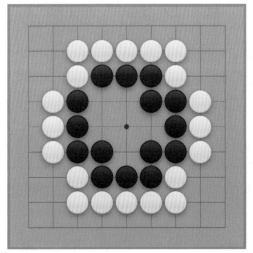 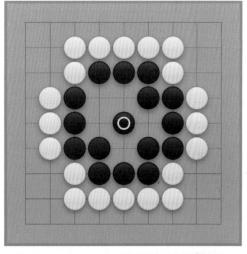

"梅花六"比"梅花五"多一格，还是梅花的形状，也可称作"葡萄六"。

黑方先行，走在正中即可获得一个"弯三"和两只真眼，活棋。

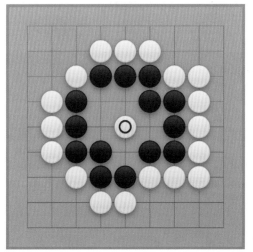

白方先行，点在○处，黑棋则无法做出两只眼而成为死棋。

（3）活形

一块棋如果是活形，即便轮进攻方下，也无法对这块棋造成威胁。

1）直四

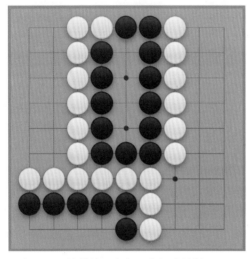

"直四"是笔直的四个交叉点组成的棋形。

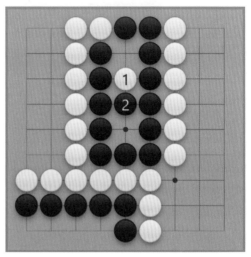

白1黑2，白2则黑1，黑方可获得一个两格大眼和一个真眼而做活。

2）弯四

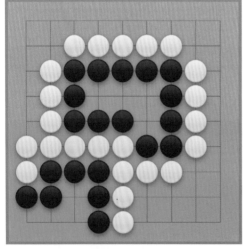

"弯四"由四个交叉点组成，比"弯三"多一格，有更大的做活空间。

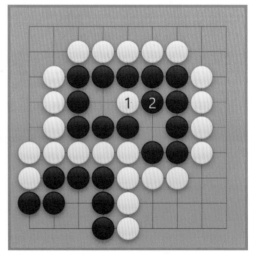

白1黑2，白2则黑1，黑棋可两眼做活。

3）闪电四

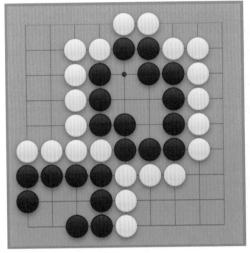

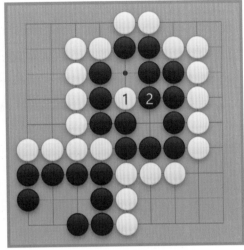

"闪电四"由四个交叉点组成，因形状像闪电而得名。

白1黑2，白2则黑1，黑棋可两眼做活。

4）板六

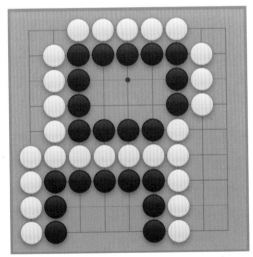

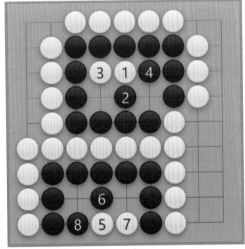

板六由六格空间组成，像一块板一样而得名，是死活常形中内部空间最大的活形。

当白方1位点入，黑方在2位顶住是要点。接下来黑左右逢源，3、4位见合，只要走到一个，就可以做出一只真眼来，加上吃掉入侵的白子形成的另一个眼，就可以两眼做活了。

图中白5进攻的方向不同，但依然拿黑棋没有办法，防守的要点还是在6位。

（4）总结

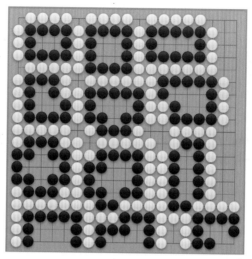

本图黑棋为所有基本死活常形，如果你能准确说出每个局部的攻防手段和结果，那么离入门就不远了。

4. 净活、净死与打劫

一块棋被包围，即便轮进攻方行棋，这块棋也能做出两个（或两个以上）真眼，或无法被进攻方提起，围棋术语称为"净活"，即"无条件活"；相反，一块棋被包围，即便轮防守方行棋，也无法做出两个真眼或吃掉与自身紧邻棋子自救，则为"净死"，即"无条件死"。

有"净活"和"净死"的概念，是因为有时一块棋需要条件才能做活或者被杀死。这个条件就是"打劫"，以劫争决定一块棋的死活，称为"劫活"与"劫杀"。

（1）特殊"弯四"

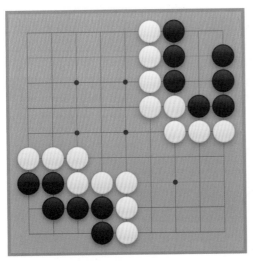

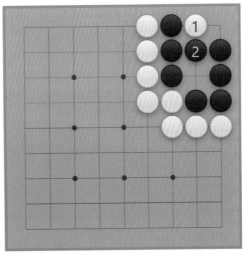

两个局部都是我们此前学习的"弯四"棋形，"弯四"本来是净活，但到了角上就不一定了。
请思考：白先，能否进攻右上和左下的"弯四"？

此图的"弯四"是净活，1、2两点黑方见合，可简单做出两个真眼。

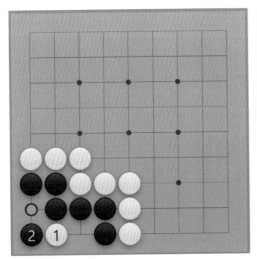

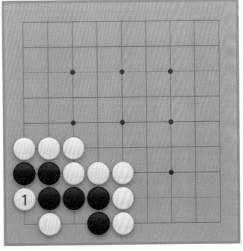

此图"弯四"在白1点入之后无法净活。
黑2扑是只此一手，只有撑出○处一只眼才能有一线生机。

白1提掉后，局部形成劫争。
站在白方的角度，此局部为"劫杀"，目标是通过打劫杀掉黑棋。
站在黑方的角度，此局部为"劫活"，只能通过打劫才能做活。

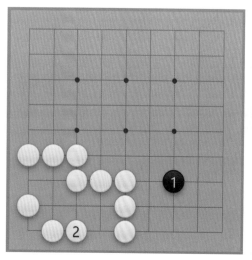

黑方找劫，当白方可以不应劫时，就可以将黑棋大块全数提起。

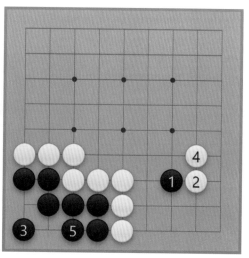

黑1找劫，白2应劫，黑3提劫，白4找劫，当黑方可以不应劫的时候，就可以在5位提子两眼做活。

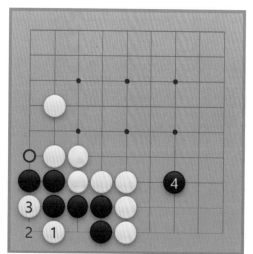

当此棋形外围○松了一气结果如何呢？局部还是打劫。行至黑4，白方不应劫的话，可以粘在2位杀棋。这样的杀棋方法叫"聚杀"，本书将在后面的内容中详细讲解。

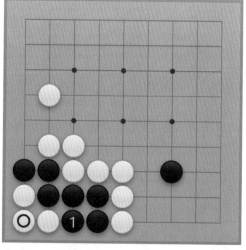

黑1将白三子提掉，局部形成"弯三"棋形，白方落子于○处，整块黑棋阵亡。

（2）特殊板六

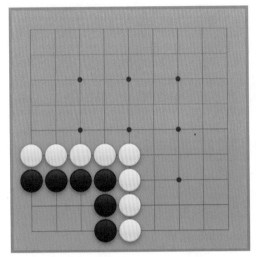

此图是我们之前学习的"板六"棋形。"板六"本来是净活，和"弯四"一样，角部的"板六"情况会发生变化。

进攻"板六"只能考虑正中两点。白1之后，黑方只能在2位顶住进行抵抗。

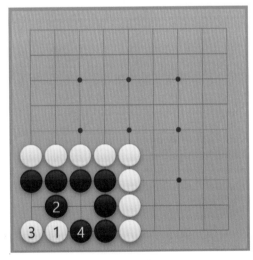

白3是臭棋，黑4可轻松做活。

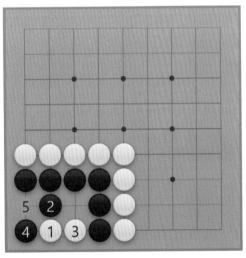

白3黑4后，白方在5位提掉黑4一子，局部形成打劫。但对于白方来说，打劫并不是局部最佳结果，所以白1不是正解。

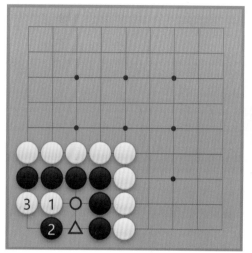

白1是正解，至白3，黑方再无应手。由于气紧，黑方不能在○处强行撑出△处一只眼，黑角净死。

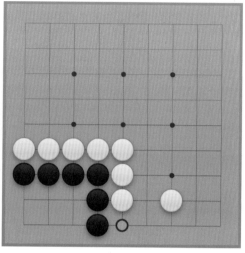

相比上图，黑棋在○处松了一气，角上死活又是什么结果呢？

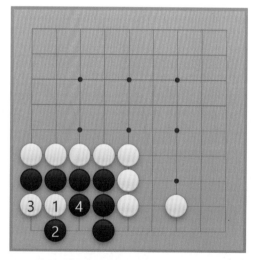

此时的白1成为了错误答案，因为黑棋多了一口气，就可以下在黑4吃掉白1、3两子从而两眼做活。白4则黑3。

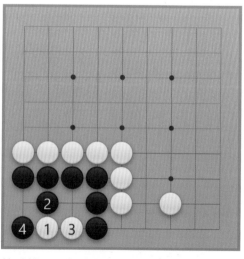

针对松一口气的角部"板六"，下白1是正解，对于白方来说，走成打劫是最佳结果。

5. 胀牯牛

例一

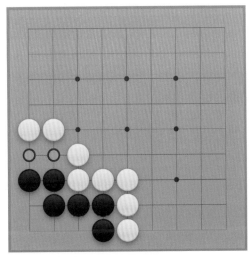

当前的"弯四"已在外围松了两口气。
请思考：白先，可以杀死黑棋吗？

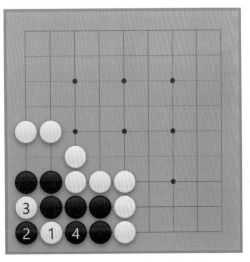

前3手的攻防还是一样，由于外面松了两口
气，现在黑方不用和白方磕劫了，走在4位是
局部好手。

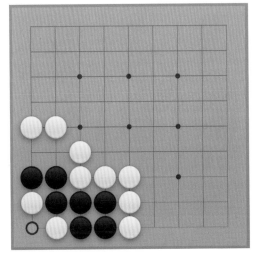

此时○处是白方禁入点，无法落子。白方若从
外面打吃，黑方可以下在○处提起两子，刚好
两眼做活。

这个棋形就是"胀牯牛"，也称"胀死牛"，意
思是一方两子或两子以上被打吃后无法自粘的
棋形，通常由防守一方下出做活巧手而形成。

例二

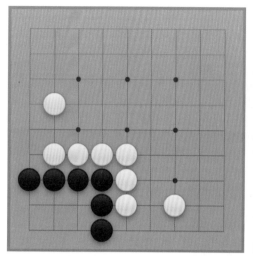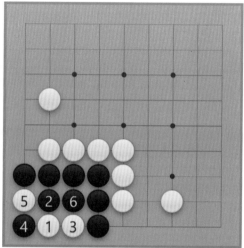

当前的角部"板六"已在外围松了两气,当白方进攻,黑方可以刚好以"胀牯牛"的方式做活,请思考解题过程。

白5之后,黑6不用提掉白5打劫,直接打吃在6位之后,白1、3、5不能自粘,局部形成"胀牯牛",黑棋净活。

6. 死活基本思路

　　当一块棋被围住无法突围,又没有明确的两个真眼,那么攻守两方就得考虑死活的问题了。该进攻方下,首先要思考可否净杀,其次考虑可否劫杀,倘若净杀走成劫杀,劫杀走成净活,就会错过机会。对于防守方来说也是一样,活棋走成死棋或劫活,也会遭受无畏的损失。

　　所以"死活"是十分重要的技术,所有阶段的围棋学习都需要进行死活训练,以增强棋手的计算力和专注度。下面我们开始讲解做活和杀棋的基本思路。

（1）眼位

在了解死活基本思路之前，我们需要知道一个有关围棋死活的重要概念——眼位。

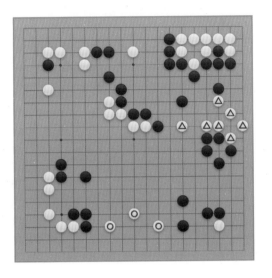

▶ 请扫码观看 ◀
详细讲解

（2）杀棋基本思路
1）缩小眼位

围棋千变万化，有可能在一个局部有多种手段杀棋，我们通常首选缩小眼位法，如不行再考虑其他方案。缩小眼位的意思是：从外向内压缩对方做眼的空间，使其无法走成活形或做出两个真眼，从而制造杀棋的条件。

▶ 请扫码观看 ◀
详细讲解

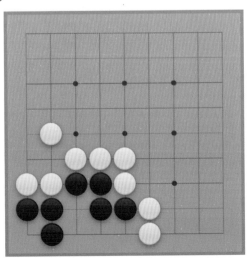

2）占据要点

通过占据要点破眼是最直白的杀棋方式。原理很简单：一方将棋下在关键的交叉点上，另一方就会因无法在此落子而阵亡。

▶ 请扫码观看 ◀
详细讲解

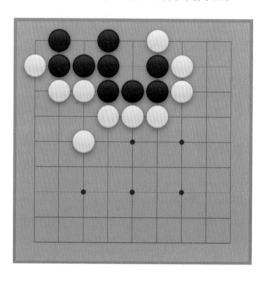

3）利用缺陷、先手

如果对方的棋形不够完整，当我们发起攻击，对方会因为局部缺陷而顾此失彼。

▶ 请扫码观看 ◀
详细讲解

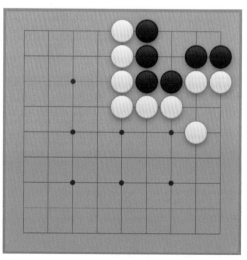

乍一看，黑棋是"弯四"活形，但果真如此吗？
请思考：白先，如何杀黑？

4）形成聚杀

在杀棋时我们可以大方送死几子，只要对方将这几颗"敢死队"提起来之后，局部是一个不活的棋形，轮我们下就可以将对方点死。这样的攻杀方法也称为"聚杀"。

▶ 请扫码观看 ◀
详细讲解

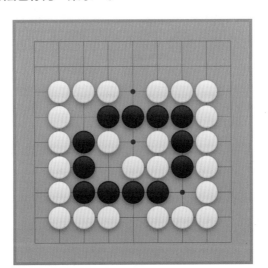

5）发现妙手

通过大量练习后，对棋形更加敏感，我们才更容易下出妙手。

▶ 请扫码观看 ◀
详细讲解

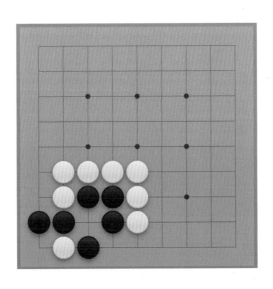

（3）做活基本思路

1）扩大眼位

做活的首要任务是将自己的生存空间走成活形，其次要想办法扩大做眼的空间，空间越大，就越容易做活。

▶ 请扫码观看 ◀
详细讲解

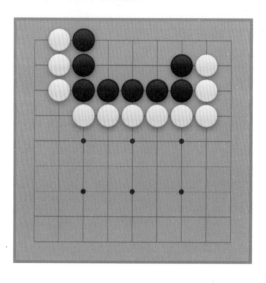

2）利用见合

"见合"一词已在此前出现过，意思是有两步关键的点，对方占据一个，己方可以抢到另一个以达到目的。

▶ 请扫码观看 ◀
详细讲解

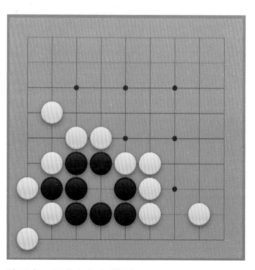

请思考：黑先，如何做活？

名场面
60多年前的神之一手

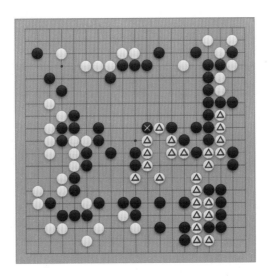

▶ 请扫码观看 ◀
详细讲解

延展阅读·围棋故事与文化

高端独木棋盘有啥讲究?

多数围棋网络对弈平台都有选择棋盘样式的功能。除了棋盘的色泽,还有不同的棋盘纹路可供选择。你知道独木棋盘为什么会有不一样的纹路吗?棋盘纹路取决于棋盘木取。木取就是裁取棋盘木料的方位,主要分为两种,一种称作板目,另一种称作柾(jiù)目。

如果木材年轻,尺寸不大,就只能以"板木"形式裁取。板木分为"木里"和"木表"。"板木"棋盘表面纹路各异,有些过于花哨会影响下棋。相比之下,"木里"价值略高于"木表"。

如果是粗壮的陈年老木，就可以“柾木”的方式取材。这样的取材方式，做出来的棋盘的表面纹路就是直的，在下棋时丝毫不影响视觉。

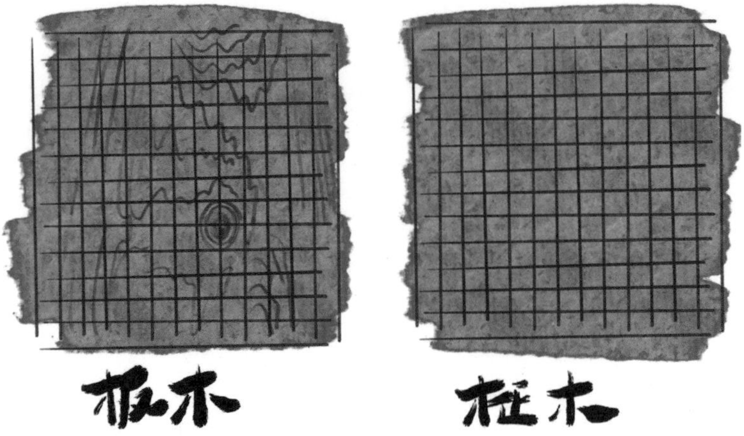

按照取材难度大小从高到低排名为，四方柾、天地柾、天柾和追柾，这样的排名也对应其价值。柾木价值明显高于板木，除了纹路、树龄，还有一个原因是这样的木取方式，棋盘更加不易开裂变形。而棋盘开裂变形与否，木取并不是决定性因素，而是木材的自然风干年限。

一般来说，1厘米厚榧木要想做成棋盘，要自然风干一年，20厘米厚的棋盘，至少要自然风干20年。干燥期间的环境也有讲究，匠人要把木材放进温度和湿度合适的仓库，定期刷上专业涂料并检查，淘汰开裂的变形木材，留下的都是经过岁月洗礼的精品。

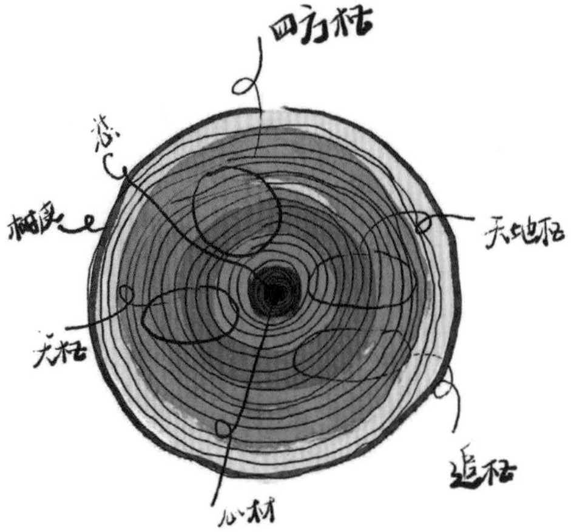

第八章

入门对杀

　　黑白两块没有两只真眼的棋纠缠在一起，且都无法逃出，那么只有想办法吃掉与自己紧密相连的对方棋子才能脱困，这就是对杀。

　　当对杀开始时，双方就要开始比气了。围棋一人下一步，每回合紧对方一气，谁的气多，就可以率先将对方提起从而获得对杀的胜利。但实战中的对杀场景往往不会如此简单，掌握初级的对杀技巧，会让我们在缠斗中更有成算。

　　正式学习对杀之前，我们要了解"外气"与"公气"的重要概念。

1. 外气与公气

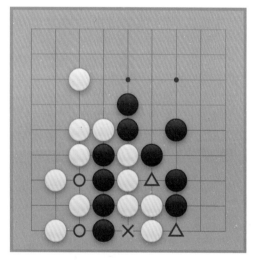

图中黑白两块棋被分别断开并包围，只有想办法吃掉对方才能脱困。

（1）外气

　　外气指在对杀中只属于己方棋子的气。

　　图中○处是黑棋的外气，△处是白棋的外气。

（2）公气

　　公气是在对杀中属于双方棋子的气。

　　图中×处是双方的公气。

2. 外气与对杀

一般来说，只有外气的对杀，谁的气多，谁就可以获胜。

如果双方的气一样多，那么先动手紧气的一方，就可以获胜。

如果双方的气不一样多，那么即便气少的一方先动手紧气，也无法获得对杀胜利。

（1）同气对杀

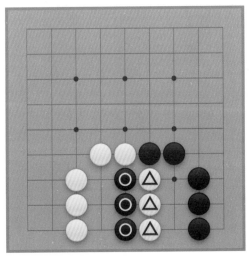

图中黑○子和白△子紧贴在一起，一口公气都没有，各有三口外气，这样的情况就是谁先动手谁胜利。

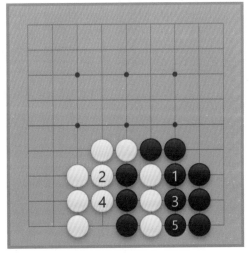

倘若黑先，至黑5，可以快一口气将白棋率先提起。

（2）非同气对杀

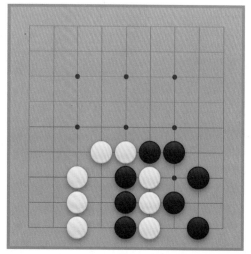

一方外气比另一方少一口气，即便先动手也无法胜利。

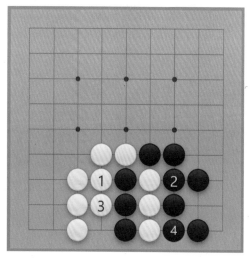

此图白3子比黑3子少一气，即便白方先动手，也会变成两气对两气的对杀，但是该黑方下，行至黑4，黑方取得对杀胜利。

3. 公气与对杀

　　"先紧外气"是在有公气的对杀中最重要的技巧和原则。因为公气不仅是对方的气，也是己方的气，紧公气就相当于也紧了己方棋子一气，从而在对杀中处于不利地位。

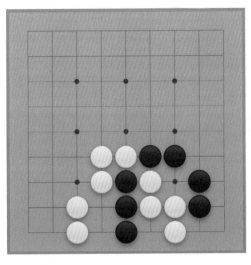

此图黑白对杀的两块棋分别有两口外气，一口公气。

请思考：黑先，如何杀白？

失败

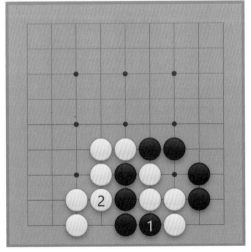

正解

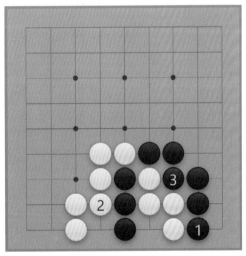

黑1先紧公气就错了。黑1之后变成了两口气对两口气的对杀，但该白方下，白2可简单吃掉黑棋。

黑1先紧外气是正确的走法，至黑3，黑方快一口气将白棋吃掉。

4. 公气与双活

（1）双活概念

双方互围的棋子形成彼此不能杀死对方的局面，双方都算活棋，称为"双活"或"共活"。

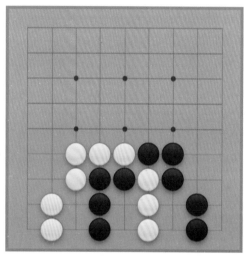

此图相互围困的黑白双方各有两口外气、两口公气。

请思考：黑先，对杀的结果是什么？

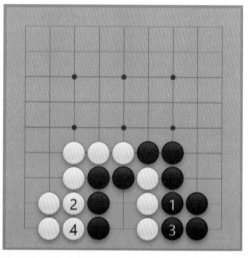

本着先紧外气的原则，行至白4，双方都不能再紧公气，否则会率先被对方提起。

这样的情况就是"双活"。

（2）无眼双活

一般情况下，若两块棋均没有真眼，对杀结果是否形成双活的条件为：

双方只有一口公气不会形成双活；

双方公气数量大于等于2，且外气数量差距不大，可形成双活；

当双方外气差大于等于公气时，则不会形成双活。

以下3个例题分别对应以上3点。

1）一口公气

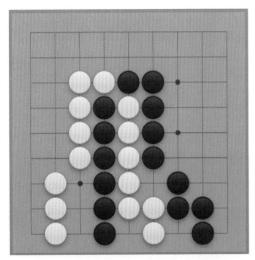

请思考：白先，本图对杀结果是什么？

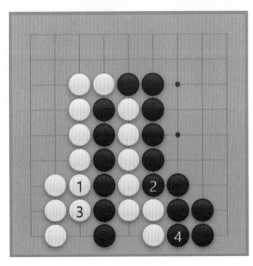

如果对杀双方只有一口公气，那么可以将对杀看成是没有公气的对杀。同外气的情况下，谁先动手谁获胜。对杀过程中，只需掌握"先紧外气"的原则就不会发生意外。

要是一方的外气比另一方少，即便先动手，也会失败。正如图中白棋只有两口外气，比黑棋少一口气，先动手紧气至黑4还是被吃掉了。

2）两口公气

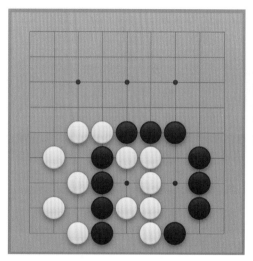

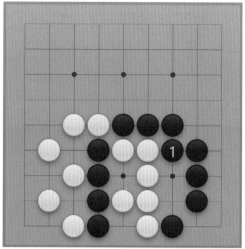

此图相互围困的黑白双方分别有两口外气和三口外气，同时它们有两口公气。

请思考：黑先，本图对杀结果是什么？

本题中黑方外气比白方少一口，但双方的两口公气给了黑棋一线生机。

黑1之后就可以看作是分别有两口外气、两口公气的两块棋在对杀，最终结果是双活。

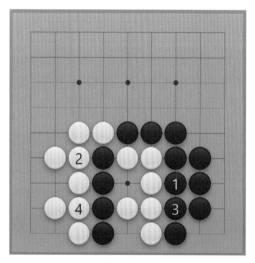

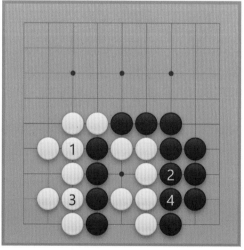

此时无论白方脱先让黑棋再下一手，还是白方不脱先继续紧气，其结果都是双活。实战出现对杀，两块棋的公气越多，越容易形成双活。

3）外气差距过大

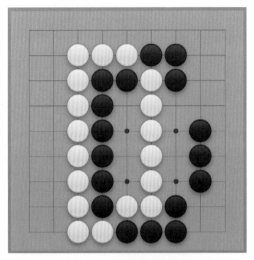

请思考：黑先，本图对杀结果是什么？

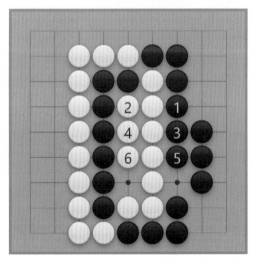

本图黑棋外气为0，白棋外气为4，双方外气差距过大。目前双方外气之差为4，等于公气数量。

即便轮外气更少的黑棋先动手紧气，也无法在对杀中获胜。行至白6，黑棋慢一口气被杀。

（3）有眼双活

一般来说，若两块棋均有一只真眼，对杀结果是否形成双活的条件为：

在双方外气数量差距不大的前提下，公气数大于等于1可形成双活。

当双方外气差大于公气数量时，则不会形成双活。

以下两个例题分别对应以上两点。

1）公气数大于等于1

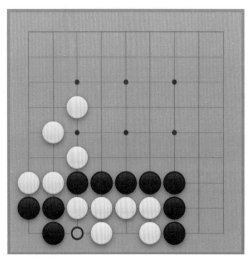

图中对杀双方各有一个真眼，均无外气，而○处是双方的公气。现在谁都无法下在○处，否则会被对方提起，局部已形成双活。

2）外气差距过大

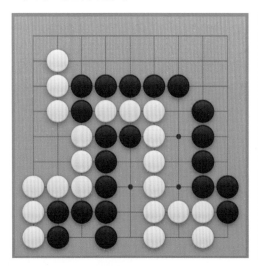

请思考：黑先，对杀结果是什么？

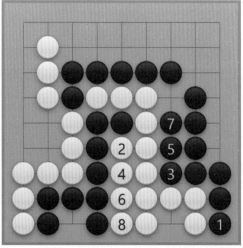

图中互相围困的黑白双方各有一个真眼，黑棋外气数为0，白棋外气数为5，双方公气数为4。双方外气差大于公气数量，外气更少的黑方即便先行，也无法取得对杀胜利。

5. 真眼与对杀

（1）双方无公气

一般来说，如果对杀双方各有一只真眼，或其中一方有真眼，但双方没有公气，此时有眼没眼无差别，眼没有额外的作用。双方同气，则先动手紧气一方取得对杀胜利；双方不同气，则气多的一方取得对杀胜利。

例一

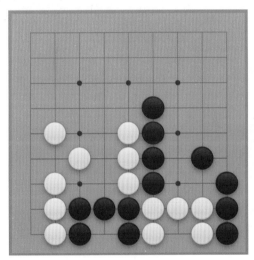

请思考：黑先，对杀结果如何？

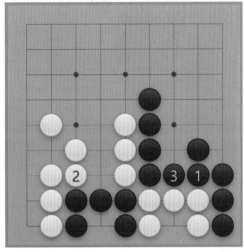

本图黑白双方同为3口气，黑先动手即可获得对杀胜利。双方无公气的情况下，对杀时眼里的气和外气没有区别，只是不能提前紧掉而已。

例二

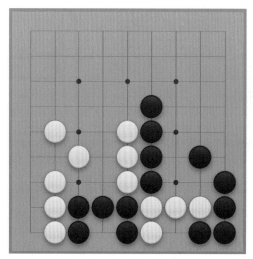 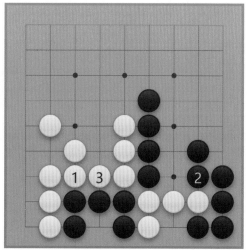

本图对杀双方均为3气，区别在于黑棋有眼，白棋无眼。

请思考：白先，对杀结果如何？

可以看到，白棋虽然无眼，但在对杀双方没有公气的情况下，有无真眼对对杀毫无影响，气多者胜。

（2）单方有眼有公气

一般来说，当对杀双方有公气时，如果一方有真眼，一方没有真眼，对杀结果不会成为双活。

1）有眼杀瞎

"有眼杀瞎"也称作"有眼杀无眼"，意思是对杀中有眼一方往往可以战胜无眼一方。

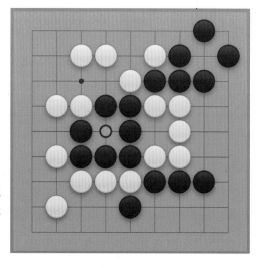

对杀形成之后，除了外气和公气，还有一种气叫"内气"。内气就是眼内的气。图中○处就是黑棋的内气。

请尝试白先杀黑，体会内气的作用。

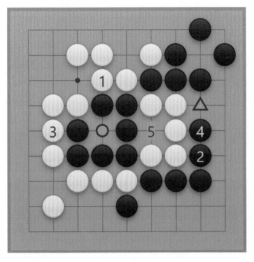

行至黑4，白方在5位不入气（下进去会被提掉），虽然黑方也不能下在5位，但可下在△将白棋吃掉，所以局部对杀结果是黑吃白。对杀开始之前，双方均为4气，气数相同，白方先动手也未能吃掉黑棋，原因就在于○内气。

在黑棋的外气和公气被完全收紧前，○将一直是无眼白方的禁入点。白方想要提起黑棋赢得对杀，不得不先收紧5位的气。而由于5位是公气，白下进去意味着也自紧了一气，所以才造成不入气而对杀失败。

2）长气杀有眼

当无眼一方气长到何种程度才能吃掉有眼一方呢？

在对杀中，我们可以先直接将公气归到有眼一方，再来计算双方气的长短。

一般来说：

- 如果无眼一方外气数量，小于有眼一方外气+公气+内气之和，即便无眼一方先动手，也将失败。

- 如果无眼一方外气数量，等于有眼一方外气+公气+内气之和，谁先动手谁获胜。

- 如果无眼一方外气数量，大于有眼一方外气+公气+内气之和，即便有眼一方先动手，也将失败。

以下3个例题对应以上3点。

围棋入门一学就会

例一

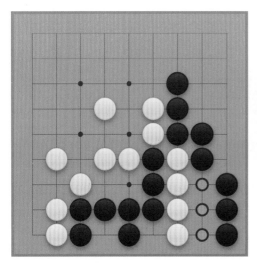

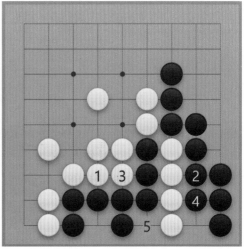

图中○处为白棋外气，一共三口气。

黑棋的外气+内气共三口气，再将一口气公气归为己有，一共四口气，多于白方外气。

现在即便无眼白方先动手，也无法取得胜利。

行至黑4，由于白方在5位不入气，对杀结果为黑吃白。

例二

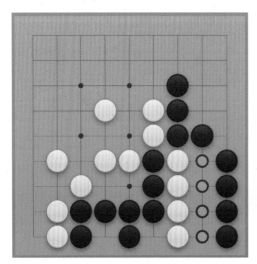

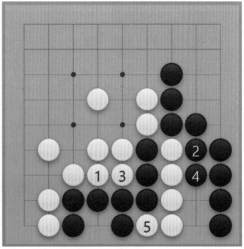

图中○处为白棋外气，一共四口气。

黑棋外气和内气一共三口气，再将一口气公气归为己有，一共四口气，黑白气数相等。

此时如果白先，局部对杀结果将是白吃黑。

行至白5，黑棋已被打吃，而白棋尚有两口气，对杀结果为白吃黑。

局部如果黑先，则会得到相反的结果。

例三

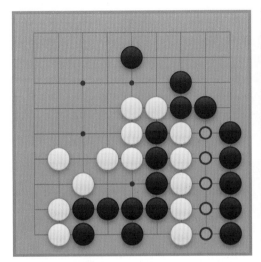 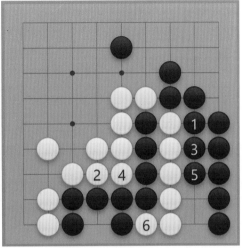

将上题稍作调整，此时白棋有五口外气数为 5，多于黑棋的四气。

现在即便黑方先动手，也无法吃掉白棋。

行至白6，黑棋已被打吃，白棋还有两口气。局部对杀结果是白吃黑。

6. 撞气、紧气与延气

气就是棋子的生命，撞气、紧气和延气是三种有关于气的着法，会对气产生密切影响，进而影响局面。

（1）撞气

撞气是指一步棋下完之后，己方棋子的气不见增长，或反而减少，通常会给局部带来气紧的负面影响。不到万不得已，一般不下撞气的着法。

例一

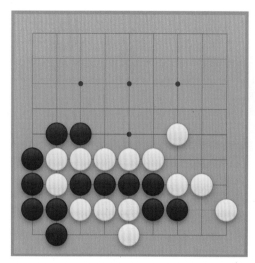 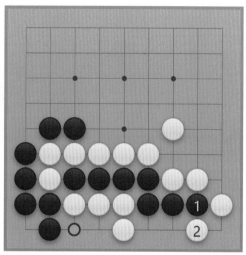

请思考：黑白双方正在对杀，黑先，如何杀白？

本来黑方走在○处可快一气杀白。黑1撞气，下完后黑棋的气不见增长，局部对杀双方三气对三气，但该白方行棋，白2后黑棋被反杀。

例二

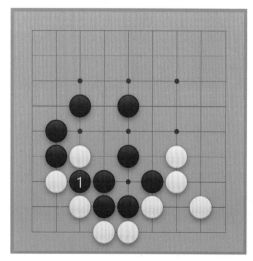 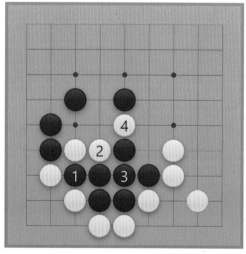

请思考：黑1可否分断白子？

黑1想断吃白方一子不现实，黑1处是假断点。因黑棋自撞一气，白2已经可以打吃。黑3不能强行粘回，会被白4将整块棋一起吃掉。

（2）紧气

通过之前的学习，我们对紧气的概念已经比较熟悉了。将棋下在对方的气上，就可以紧住对方一气，当紧完对方棋子最后一气，就可以提子了。除了"在对杀中不要先紧公气"这样的基础技巧，我们往往还需要更多紧气的进阶技巧来取得战斗胜利。

1）扑

"扑"一着棋迫使对方将己方棋子提起，同时让对方提子的那步棋撞气或占据做眼的关键位置。所以"扑"的主要作用就是紧气和破眼。下面两道例题主要讨论"扑"在紧气时的应用。

例一

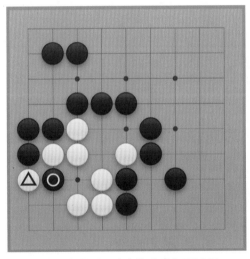

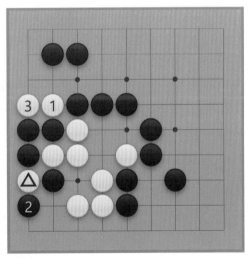

本题要求白先做活，请直接欣赏解题过程。

当黑方落子在○处，白△子已经被吃掉了，这是简单的一路吃子。

如此白方角部眼位不足，面临整块棋阵亡的危险，只有想出妙手才能脱困。

4 = △

如果白方能够想到利用1、3打吃来反杀黑棋，那么就离成功进了一步。

但直接动手不行，黑4粘上之后尚有三口气，白1、3两子自身只有两口气，对杀不利。

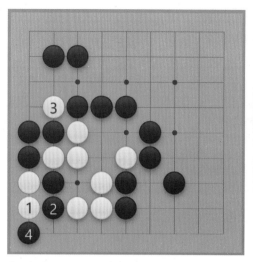

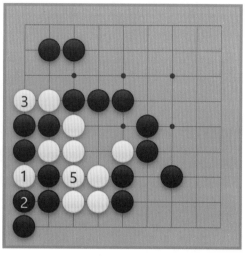

白1多送死一子是局部妙手，黑2还想继续杀棋就必然追吃。白3打吃逼迫黑4提子之后，现在你能看出下一步好手在哪了吗？

4＝1

接上图，白1扑恰到好处，黑2提子自撞一气后，白3、5打吃一气呵成反杀黑棋。

例二

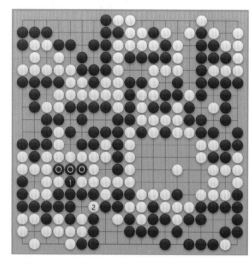

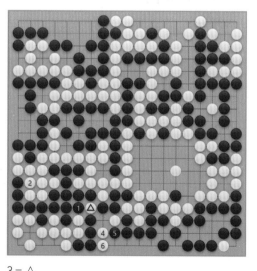

这是2017年4月15日在日本进行的第一届努力杯的其中一局棋。由山本贤太郎二段执黑对阵下坂美织五段。当前局面已经进入了棋局尾声，黑1救回黑○处三子后，白2一扑黑方就认输了。到底怎么回事？

3＝△

如果棋局还要继续进行，则不能让白棋在1位连回，黑1提子必然。然后白2打吃黑方也无法抵挡，只能黑3粘上，最后白4一击必杀。黑5是最后的抵抗，白6走成倒扑之形吃掉整块黑棋。

2）点

在一些情况下直接收气无法取得对杀胜利，局部也无法利用"扑"这样的着法来迅速缩短对方的气，那么有可能"点"会成为救场的好棋。

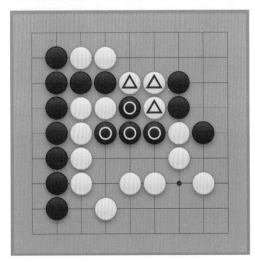

图中黑〇四子已无法逃出，想要活棋必须反杀与之相连的白△三子。

请思考：黑先，黑〇四子如何自救？

失败

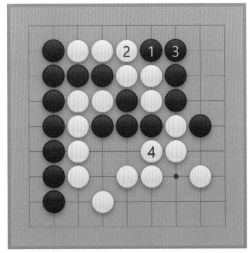

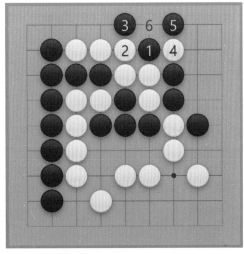

黑1是直接收气的着法，白2粘上之后黑1面临被吃危险，黑3粘上之后局部形成三气对三气的对杀，但轮白方行棋，黑四子阵亡。

白2后，黑3、5两步可强行做劫，至白6位提子形成打劫。但打劫对于黑方来讲并不是最好的结果，黑有妙手可净杀白子。

正解

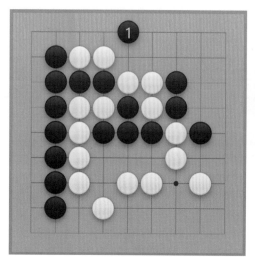

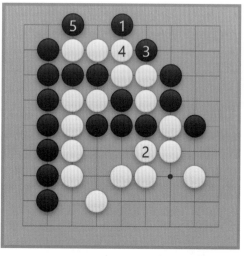

黑1点是好棋，这步棋是边路的经典妙手，经典到这样的着法有专门的围棋术语，叫"黄莺扑蝶"。类似的妙手，在围棋语境中被称为"手筋"，指局部关键手段和技巧。在学习围棋的过程中，死活练习一般用来训练棋手的计算能力，而手筋练习则一般用来训练棋手应对局部棋形的第一感。

黑1看似没在紧白棋的气，实则对白棋产生了巨大威胁。白2如果脱先紧气，白棋将无法抵挡黑3、5连续打吃而被吃掉。

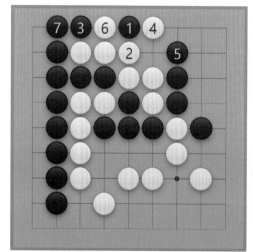

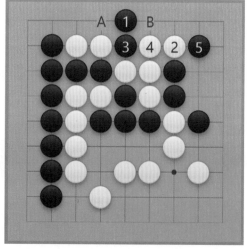

白2粘上也不行，黑3扳是收气好手，至黑7，白棋局部只有两气而被黑棋反杀。

白2扳，黑3打吃之后黑5扳，局部成"金鸡独立"之势。意思是，白方A、B两点均不入气，无法吃掉黑1、3两子从而阵亡。

（3）延气

在对杀中如果没法通过技巧、妙手等手段高效缩短对方棋子的气，就要想办法延长己方棋子的气，使自己处于优势地位。

1）朝宽广方向行棋

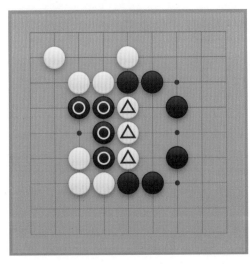

黑〇四子和白△三子形成对杀，目前黑棋只有两口气，要想办法延气才能取得胜利。

请思考：黑先，如何杀白？

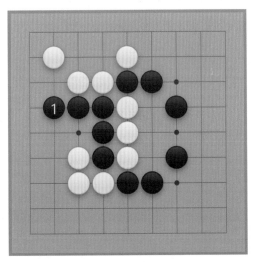

黑1是正解，只此一手，黑棋长出之后从两口气变为四口气，比白棋多一口气，赢得对杀胜利。

2）与有气棋子相连

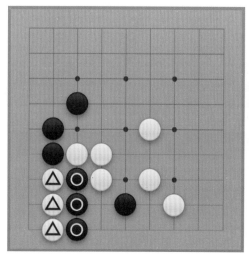

黑○三子和白△三子形成对杀。
请思考：黑先，如何杀白？

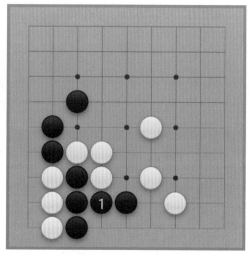

黑1和援军相连之后，立马从两口气变为四口气，超过白子三口气，将赢得对杀。

3）利用对方缺陷延气

例一

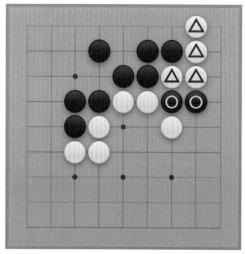

黑○两子和白△四子形成对杀，黑棋只有两口气岌岌可危，需要找到延的方法。
请思考：黑先，如何杀白？

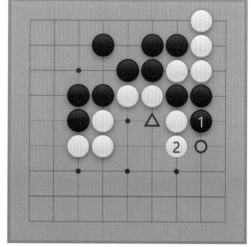

白2只能退，如在○处强行扳下，黑可在△处双打吃，或在○处断吃。

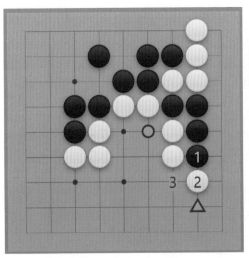

黑1再往外爬长气，白2还是不能扳，当黑在3位断，○处有双打吃，白方补棋，黑可在△处吃子，如此白角四子无疾而终。

10＝8

白1只好再退，黑2再爬一手，现在白3虽然可以扳下，但黑子气也够了。

现在黑4收气将快一口气杀白。

例二

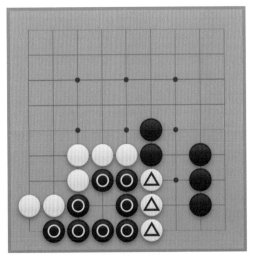

黑○子和白△子形成对杀，但黑棋只有两口气，需要找到方法延气才能赢得对杀胜利。

请思考：黑先，如何杀白？

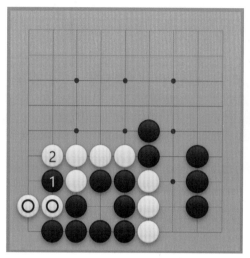

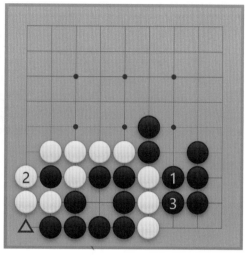

黑1是正解,现在白○两子已经受到威胁,白2只能打吃黑1一子。

此时我们发现,当黑1再紧气时,白方已不能直接在△处落子,否则会被提起。

白方只能先在2位提子之后才能下在△处,但为时已晚,黑3快一步杀白。

7. 假双活

一个局部看似双方达成了和平协议,走成了"双活"的棋形,但实则不是双活的情况叫"假双活",初学者要注意分辨。

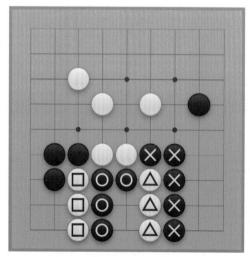

图中黑○子与白△子互为双活状态,但与黑○子紧邻的白□子是死棋。既然白□子能被吃掉,黑○子就是活的,如此白△子自然就是死棋。此局面的双活就是假双活。

假如棋局发展到与白△子紧邻的黑X子出现危险,黑X子既不能做活也不能逃出,那么此时黑方可以先花两手棋将白□子提起,再花两手棋将白△子提起,即可脱困。也就是说白△子是一块有四口气的死棋。

延展阅读·围棋故事与文化

英雄造时势　擂台神话聂卫平

"中国是围棋的生母，日本是围棋的养母。"这句话在棋坛流传多年。由于各种历史原因，围棋自中国传入日本后得到了很好的发展。以至于从古代到近代，再到现代开端，日本的围棋水平远高于中韩两国。终结日本围棋一家独大的英雄就是聂卫平。

崭露头角：连克九段刮起"聂旋风"

聂卫平1952年8月生于河北深县，受到父亲影响，9岁开始学棋。围棋之路上，聂卫平不仅受到了像邓小平、陈毅等历史人物的青睐，也接受过如张福田、雷溥华、过惕生等围棋老前辈的悉心教导。

经历了青年时期的动荡，聂卫平在艰苦岁月中保持了良好的竞技状态，但尚未成为顶级棋手，其围棋生涯的第一次转折发生在1974年12月9日。当时由日本著名棋手宫本直毅九段为团长的日本围棋代表团访华，在北京、上海、桂林和杭州进行中日围棋交流赛。时年22岁的聂卫平代表中方参赛。

宫本直毅在交流赛中一路取得六连胜，最后一轮比赛当天又是他的生日，宫本特别希望以一场胜利为自己庆生，并凯旋回国。但事与愿违，中方派小将聂卫平狙击宫本直毅。结果聂卫平发挥神勇，在鏖战10小时后取得胜利。

此后聂卫平信心大增，如凤凰涅槃一般在大小赛事中取得良好成绩，逐渐跻身国内顶级棋手之列。1976年4月，中国围棋代表团回访日本，聂卫平在本次比赛中的个人战绩为惊人的6胜1负，并在最后一盘战胜了当时日本如日中天的高手石田芳夫九段。日本媒体评论称，日本围棋界刮起了一阵"聂旋风"。

时间来到1981年，此时的中国围棋已经基本能和日本分庭抗礼。或鉴于此，当年国家体委定下新中国历史上第一批九段棋手，共3人，分别是前辈陈祖德和吴淞笙，第三位就是聂卫平。同样因为中日围棋水平逐年拉近，在日方的提议下，举办多年的中日围棋交流赛，由日本电气公司NEC出资赞助，升级为中日围棋擂台赛。显然，日本棋界在这时已经想与中国围棋一决高下了。

斗志昂扬：快意连胜杀到"山脚"

虽然擂台赛已经摆上台面，但日方还是认为中国围棋队里唯独聂卫平比较强，其他选手不足为惧。所以日方在组织第一届参赛棋手时还绞尽脑汁，并没有直接请当时最强的棋手参赛，进而想尽办法选择了一套他们认为能铁定拿下比赛、同时也不会让中国队输得过于难堪的阵容。

最后，日方代表队为（当时段位）：先锋依田纪基七段、小林觉八段、淡路修三九段、片岗聪七段、石田章九段、副将之一小林光一九段、副将之二加藤正夫九段和主将藤泽秀行九段。

经过选拔（聂卫平免选），中方代表队为（当时段位）：先锋汪见虹七段、江铸久七段、邵震中七段、钱宇平七段、曹大元八段、副将之一刘小光八段、副将之二马晓春九段和主将聂卫平九段。

1984年10月5日，第一届中日围棋擂台赛举行开幕仪式。第一局比赛于10月16日举行，依田纪基胜汪见虹。此后，江铸久登场后意外完成五连胜，直接杀到了日本队小林光一帐下。小林光一是日本当时的超一流九段，实力强劲，战胜江铸久后，一口气连胜五盘，一下子让聂卫平成为了光杆司令。

1985年8月27日，擂台赛第13局，聂卫平挑战小林光一的比赛在日本热海打响。热海是日本著名的温泉胜地，也与围棋密切相关，是日本著名棋手本因坊秀哉去世的地方。显然，日方将比赛场地安排在此，是想举办闭幕式的。但在聂卫平眼中，既然背靠温泉比赛，那么刚好吻合"背水一战"这个成语。果然，身着印有"中国"字样红色运动服的聂卫平斗志昂扬地拿下了比赛。

次日，聂卫平一行转战东京准备与加藤正夫的比赛。日方依然提前布置好酒会，但场地内横幅写的是"闭幕式"。出乎日方预料，聂卫平快意取得二连胜，酒会上的"闭幕式"不得不临时用"恳亲会"三字覆盖掉了。

此番回国，聂卫平在机场受到了英雄般的接见。聂卫平是真正的胜负师，场面越是热闹，他的内心越是平静，深知在他前面还有藤泽秀行一座大山。而聂卫平必须翻过这座山，人们才会听到他的故事。

力挽狂澜：绝境翻盘制造擂台神话

当年，藤泽秀行已在职业生涯中斩获了诸多荣誉，但擂台赛时毕竟年过60，竞技状态已过巅峰，所以在日本队中，藤泽只能算名誉主将。但藤泽的精神力量依然令人生畏，要说聂卫平心目中有偶像的话，最接近偶像标准的人物应该就是藤泽秀行。

藤泽秀行在私人生活方面可谓"放浪形骸"，比赛奖金大多被债主"消化"。即便这样，从1981年起，他每年都会尽力攒出一笔钱来组织日本年轻的优秀棋手来华交流、比赛，以此提升中国围棋水平，这样的交流一共成行14次。当时有人劝他，对中国棋手保留一些好，但他回应道："我不认为围棋是如此狭隘的东西！"

1985年11月18日，藤泽一行抵达北京首都机场，藤泽先生特意染黑了头发，显得年轻不少，从他当时的精神状态来看，已经对比赛进行了充分的准备。经过短暂休整，20日上午10点，第一届中日围棋擂台赛最后一轮比赛正式开始，由聂卫平执黑对阵藤泽秀行。

比赛进行了5个小时，局面还相当胶着，对局室内安静得令人窒息，而前往体育馆观看挂盘讲解的棋迷多达2000人，场面热闹。行至第173手，聂卫平险些弈出败招，此后每一秒钟对于聂卫平来讲都是煎熬。最终，藤泽由于长时间鏖战，体力、算力透支，在时间的催促下并没有下出制胜一手，聂卫平逃过大劫最终赢下比赛。随着这场胜利，中国围棋终于迎来春天。

就在同一年，中国女排击败日本队成为世界冠军，加之围棋的胜利，这份欢欣鼓舞在改革开放之初的特殊年代，已经超越了体育本身，成为中国崛起的精神力量。在第二届和第三届中日围棋擂台赛中，聂卫平继续以主将身份力挽狂澜，取得了横贯三届比赛的9连胜，帮助中国队拿到前三届擂台赛冠军，创造了无法复制的擂台神话和围棋热潮。

中日围棋擂台赛共举办11届，最后一届于1996年举行，中国队以7胜4负的成绩压过日本队。在此之前，棋界普遍认为中国围棋水平和日本相比还有相当大的差距。擂台赛举办以来，"日本围棋不可战胜"的思想被打破，同时在十余年间培养了数以千万计的围棋爱好者，让围棋成为了中国人耳熟能详的智力运动，极大地推动了中国围棋的发展。

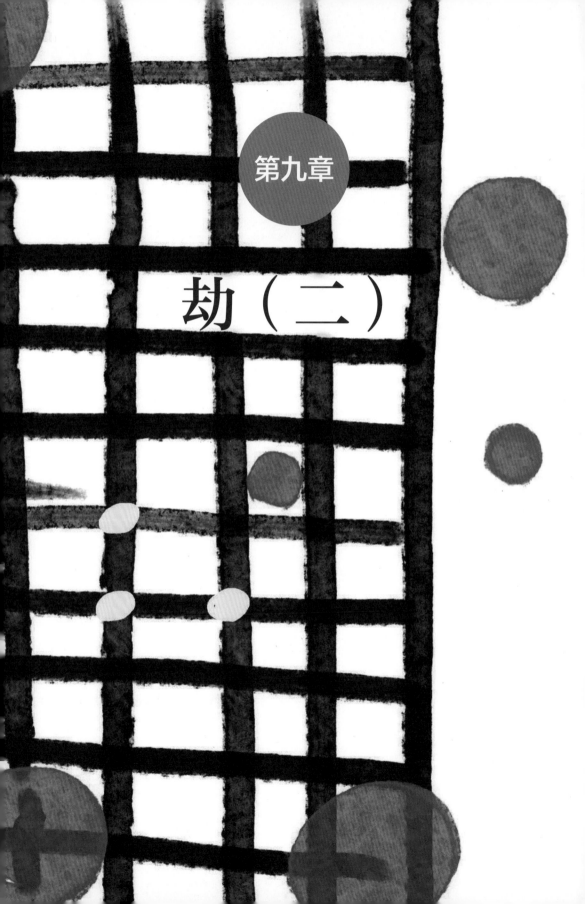

第九章

劫（二）

在"劫（一）"章节中，我们介绍了打劫的基本规则。本章我们将继续学习更多有关劫的知识。对于初学者来说，劫争无疑是十分复杂的。不要害怕打劫，每个会下围棋的人都因为劫争输过棋，就连职业九段棋手也不例外，勇于面对和尝试，就会进步得更快。

1. 打劫全过程

（1）劫的形成

我们通过做劫、扑劫和开劫这三种手法挑起劫争，也就是将棋形下成劫争的模样，是双方正式开始劫争的前一步。

1）做劫

落子之后局部形成劫的形状的着法叫"做劫"。

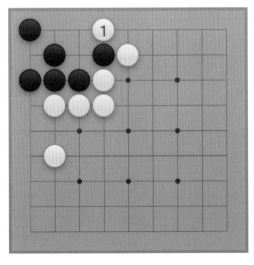

当白1打吃，黑角的死活已经受到了威胁。

请思考：面对白1，黑棋正确的应对方法是什么？

失败

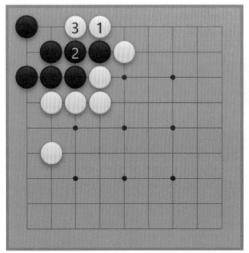

黑2若粘上，白3简单破眼即可，黑棋做不出两个眼被杀。

正解

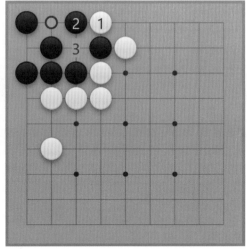

黑2做劫正确，白在3位提子后双方形成劫争。此局部黑方只有通过打劫撑出○处这个眼才能形成"打劫活"。

2）扑劫

以"扑"的着法形成劫争就叫"扑劫"。

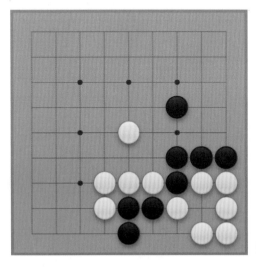

请思考：黑先，如何应对当前局面？

失败

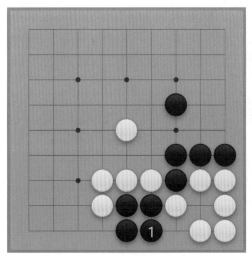

黑1步子太慢，就算白方不应，黑棋也死了，局部是白方有眼杀黑方无眼。

正解

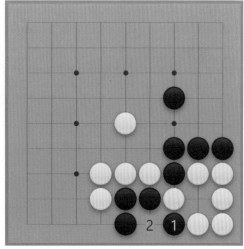

黑1扑打吃白棋大块只此一手，白方只能在2位提子，双方形成劫争。

3）开劫

劫争之形已经形成，落子之后迫使对方提子开启劫争的着法叫"开劫"。

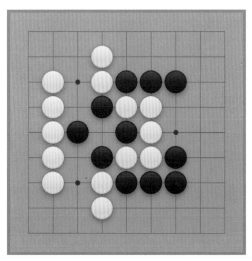

请思考：黑先，该如何行棋？

失败

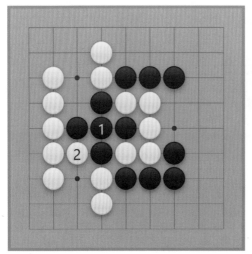

黑1粘上被打吃一子，白2打吃，黑棋全部阵亡。

正解

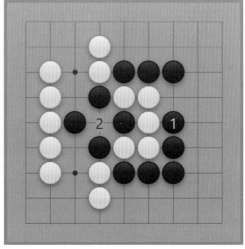

黑1打吃是关键，逼迫白方在2位提劫，由此开始劫争决定双方棋子的死活。

（2）开始到结束

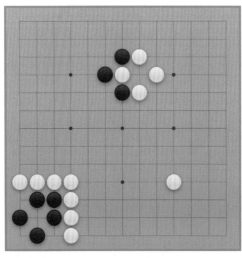

我们将以此图黑先为基础来展示打劫过程中有关"劫"的围棋术语，包括提劫、找劫、应劫、造劫、粘劫、消劫、扩大劫争等。

1）提劫

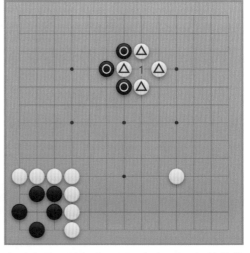

本图中黑〇子与白△子已经组成了打劫的棋形，黑方在1位提子，双方劫争就开始了。

2）找劫

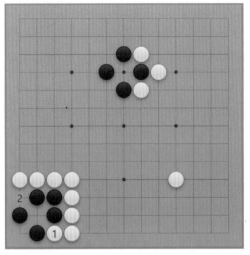

当一方提劫，另一方不能马上提回。所以白1必须在他处行棋找劫，期待对方跟着走，然后白方才能将劫提回继续劫争。那走什么棋对方会跟着我们走呢？走先手。意思是走对对方有威胁的棋，对方不应的话就会有所损失。

白1就是先手，威胁黑棋角部死活，黑方不应，白下一步走在2位就可以吃掉黑角。

白1这样的先手在劫争中也称为"劫材"，双方谁的劫材多，谁就越容易取得劫争的胜利。

有时候当一方找了一个劫材，对方不应，那么就说这步棋"不是劫材"。如果这步棋明显不是劫材，那么就说找劫一方"找了个瞎劫"。

在围棋语境中，劫材的量词除了"个"，也可以用"枚"。

3）应劫

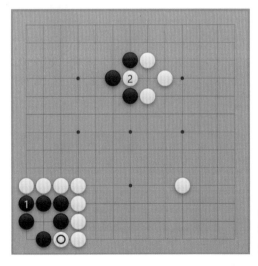

黑1做活，回应白○子对黑角的威胁，这步棋就称为"应劫"。待黑方应劫，白2提劫将劫争继续下去。

4）粘劫和消劫

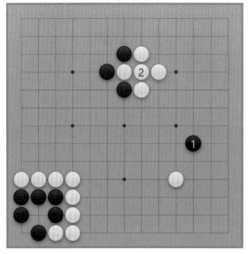

当黑1无法找到可以明显威胁到白方的劫材，白方就可以选择在2位粘上，劫就没有了，这步棋可以成为"粘劫"或"消劫"。

谁消劫，我们就说谁取得了劫争的胜利。劫胜一方在打劫局部一定获得了一定利益，但围棋是复杂的全局游戏，不是说谁消劫就一定在整体局势上更占优势。

有可能消劫一方因劫材不够而不得不消劫，从而让对手在其他地方连下两手。对方在棋盘他处连下两手后，有可能获得的利益已经抵消劫败带来的损失，甚至获得更大的利益。

（3）扩大劫争

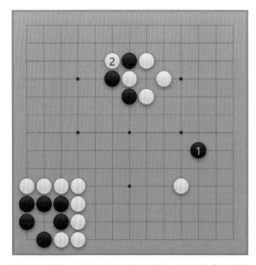

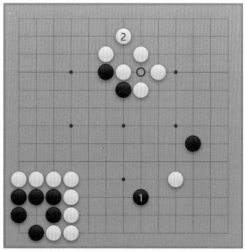

当黑1找劫，白方如果劫材多，可以选择不粘劫，而是在2位扩大劫争。扩大劫争的意思是，当白方劫胜，可以获得更大利益，一般将对黑棋造成更大压力。

当白方扩大劫争后消劫就不是在○处粘上了，而是在2位提子，棋形明显好于粘劫。

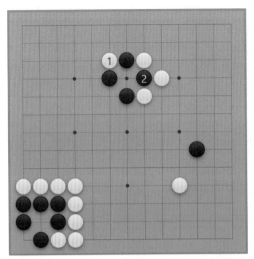

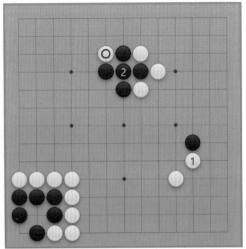

遇到白1扩大劫争，黑2无论如何要先将劫提回来再说，这就是所谓的"遇劫先提"，把压力转交回白方。白方要想赢得劫争，总得继续去找劫。

当白1找劫，黑方不应劫，转而粘劫消除劫争时，白〇子扩大劫争一子的位置将显得效率低下。意思是让白方把〇子拿起来重新下，很有可能不会将棋子落在〇处。所以扩大劫争一方，也要掂量自己是否有足够多的劫材打赢这个劫，否则就不应盲目扩大劫争反而让己方遭受损失。

（4）造劫材

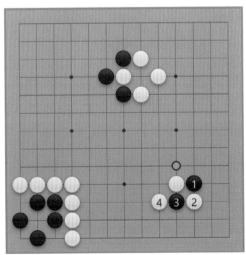

当一方意识到不能赢下劫争，那么在开劫之前就会在他处行棋制造劫材。当前局面下，黑方1、3纠缠白角就是造劫的下法。倘若此时开劫，则会产生〇处打吃这样价值巨大的劫材，黑方在劫争中更有胜算。

（5）本身劫

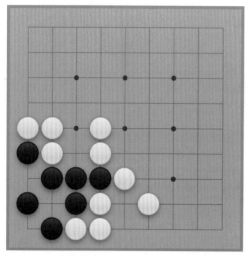

本身劫是在劫争中属于防守一方的、在劫争局部的劫材。如果防守方找本身劫对方不应，那么即便进攻方消劫，也无法达成最初打劫的目的。

本身劫与其他劫材的不同之处在于，在他处找劫，无论劫材价值大小，对方是有可能不应的。找本身劫就不存在这个问题，对方想要"不忘初心"，就必应本身劫。

我们将以本图具体讲解关于本身劫的概念。

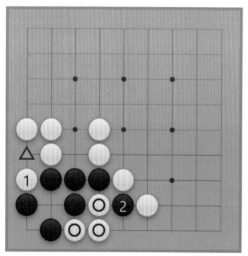

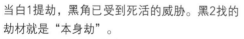

当白1提劫，黑角已受到死活的威胁。黑2找的劫材就是"本身劫"。

此时如果白方在△处消劫，黑方则提掉白○三子，那么黑棋就是妥妥的活棋。

白方不仅不能达到当初"打劫杀"的目的，还会遭受无谓的损失，所以面对黑2，白方应该应劫。

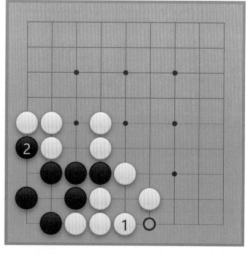

当白1应劫黑2提劫后，黑方还有○处一枚本身劫。所以当初黑方找第一枚劫材的时候就不能打吃在1位，否则白棋粘上之后，局部就没劫可找了。劫材数量直接影响着劫争的胜负，甚至影响棋局的胜负，此处找劫小技巧是"细节决定成败"的体现。

2. 劫争的种类

（1）先手劫和后手劫

    劫争形成之后，劫争对于先提劫一方来说是"先手劫"，对于被提劫而不得不先找劫的一方来说是"后手劫"。

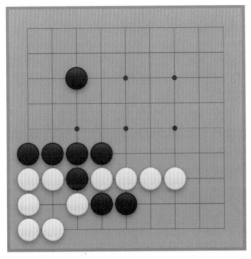

请思考：黑先，如何杀白?

失败

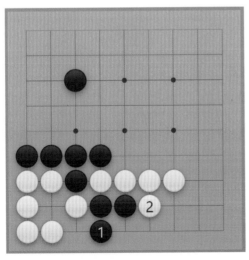

黑1无谋，白2之后形成"有眼杀无眼"，黑方失败。

失败

正解

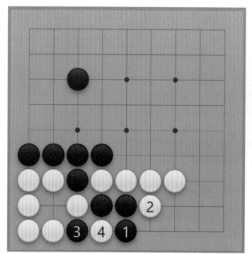

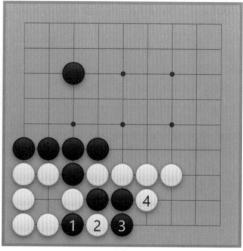

黑1立，白2紧气，黑3扑形成劫争，待白在4位提劫后局部形成了对白棋有利的先手劫。对于黑方来讲，此劫就是后手劫，此结果并不能让黑方满意。

正解为黑方先在1位扑，白2必然提，黑3打吃，白4打吃后黑方可继续在1位提劫，形成对黑棋有利的先手劫。此劫对于白方来说就变成了后手劫，黑方满意。

（2）紧气劫

紧气劫指一方劫胜后，局部不会再形成新的劫争。

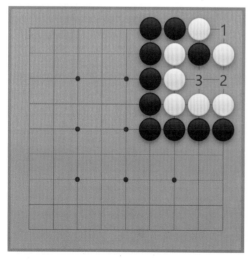

此局部对于黑白双方来说都是紧气劫。黑在1位提劫进而在2位消劫后，局部白方再无任何机会做活。若白方劫胜则可以在3位消劫成净活。

（3）两手劫

两手劫指一方要走两手棋才能将劫完全消除，劫胜难度相对更高。

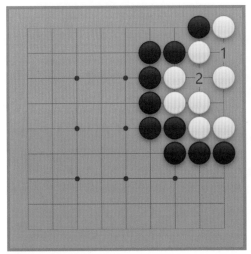 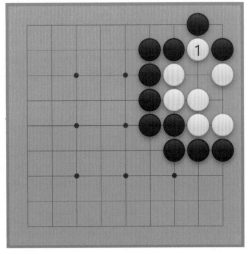

本图对于黑棋来讲是两手劫。
黑方在1位提劫之后劫争开始，但在2位继续提子并不能将劫消掉。

为什么上图黑方不能将劫消干净？
因为当白方在1位提回，黑方想杀掉白棋还得继续打劫。

（4）缓气劫

缓气劫指一方在劫争处下两步或以上才能形成紧气劫的局面，通常对需要紧气的一方不利。

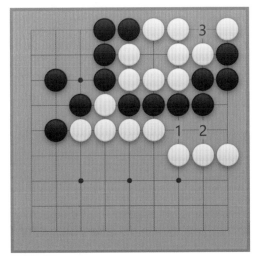

本图中的白棋需要在1位紧气之后，再在2位紧一口气，黑在3位提劫形成紧气劫。白方想要赢下这个劫争的难度显然更大。

（5）摇头劫

摇头劫出现之后，一方无论有多少劫材，也不能取得自己想要的结果。

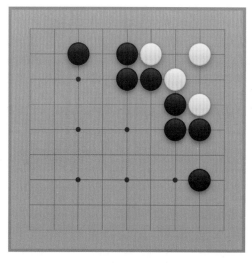

请思考：黑先，如何杀白？

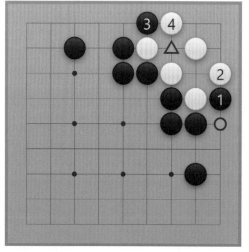

由于两边同形，黑1、3打吃都是正解第一步。
白方为了做活必须在2位做劫扩大眼位。
此时黑3再打吃，白4不能在○处提子，否则黑
方提在△处白棋净死。
所以白4继续做劫是最强抵抗。

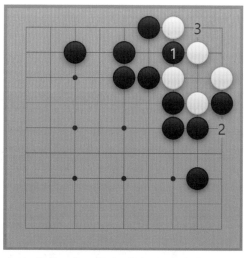

当黑1提劫，白不能在2位提，否则黑在3位继
续提子白角无法做活。

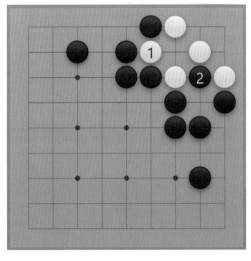

当白方找好一个劫材在1位提回的时候，黑2可以提在另外一边。当白方找了劫材提掉黑2，黑方又可以将白1提起，如此循环往复。

这就是"摇头劫"，此局部对于白方来讲形成了死循环，消劫无法做活，继续打劫无论有再多劫材都无法劫胜，白方无论找什么劫，黑方都跟着应，白方始终无法做活。

所以结果是黑方利用摇头劫杀死了白棋。

从另一角度来说，虽然在此局部白棋净死，但该棋形有趣之处在于，棋盘他处再有劫争时，白方可将这块死棋作为无限劫材使用。因为每当白方提劫，黑方要跟着提劫确保杀死白棋。

（6）万年劫

　　万年劫指打劫之形形成后，无论哪方开劫，这个劫争都会成为开劫一方的后手劫，所以双方开劫的负担都很重。一旦形成万年劫，双方都不会轻易开劫，甚至到了局终之前这个劫都没能打起来。此时一方粘劫，局部会形成双活，双方和平解决争端。

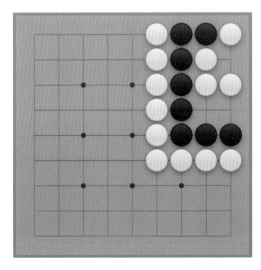

此局部是常见的万年劫棋形。

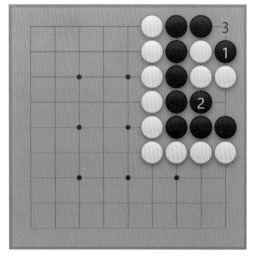

黑1提劫之后，白方可以不理。此时黑方不能在3位粘劫，如此局部黑净死。

黑1之后，黑方想要赢得劫争，必须在2位紧气。当白在3位提劫时黑棋整块棋被打吃，要是找不到合适的劫材，黑棋整块棋都将阵亡。

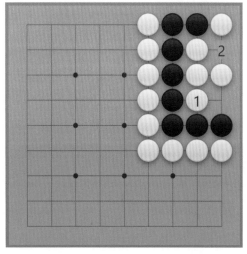

此时白方想动手吃棋也会面临同样的困境。

白1紧气，黑方提劫之后形成黑棋先手紧气劫，白方必须先找劫，而且劫材要十分有利才行。

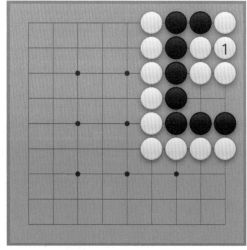

此局部一般来说对于白方稍有利，因为白方有下在1位主动形成双活的权利。白1之后黑方在此局部当然不能继续行棋了。白方也一样，倘若送死紧气被黑方提掉，局部眼位比"刀把五"大一格，是活形。

（7）盘角曲四

盘角曲四是一个在角部的看似双活，但实际上是一方为死棋的棋形。无特殊情况，图中白棋就是一块死棋。

▶ 请扫码观看 ◀
详细讲解

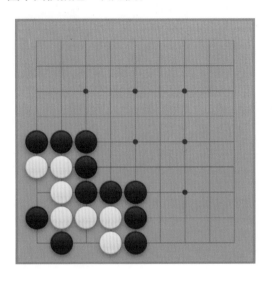

（8）三劫循环

三劫循环指形成对杀之势的两块棋由三个劫相互关联，双方都可以在不违反打劫规则的前提下无限提劫，双方互不退让，同时谁也无法吃掉对方。

▶ 请扫码观看 ◀
详细讲解

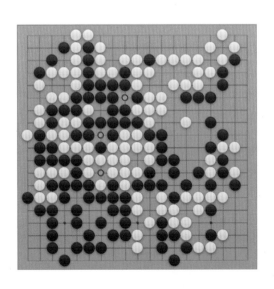

（9）四劫循环

概念与三劫循环一样，四劫循环指形成对杀之势的两块棋由4个劫争相互关联，当然也无法分出胜负。

▶ 请扫码观看 ◀
详细讲解

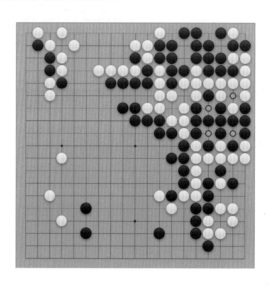

延展阅读·围棋故事与文化

"石佛"李昌镐

生于1975年的韩国棋手李昌镐是当代棋坛的顶级棋士，曾17次获得围棋世界大赛冠军，是当今手握世界冠军奖杯最多的棋手。上映于2015年的大热韩剧《请回答1988》中的天才围棋少年崔泽的原型，就是李昌镐。

李昌镐9岁成为韩国棋手曹薰铉九段的内弟子，11岁踏入职业门槛，在16岁那年斩获了自己的第一个世界冠军，也创下了年龄最小的世界冠军纪录。1996年至2006年的这十年，李昌镐开创了自己的时代。李昌镐被称为"石佛"，和自身的形象有关。比赛中，李昌镐几乎不会表现出任何的情绪波动，这无形中会增加对手的心理压力。

　　世界围棋冠军、中国常昊九段与李昌镐在首届中韩天元对抗赛中首次相遇，并开启了长达15年的棋坛斗争。常昊回忆，在这15年的交手过程中，李昌镐始终保持着厚实、均衡的棋风，他的棋看上去很"淡"，朴实无华、大巧若拙，每一步都恪守"不得贪胜"的行棋原则，看上去略显吃亏、迟缓乃至笨拙的棋，在关键时刻却往往能发挥巨大的作用。

　　在李昌镐巅峰时期，行棋很少出错，但只要对手稍有失误，便会遭到他的致命一击。围棋是胜负的世界，也是缩小版的人生。近三十年里，李昌镐将"不得贪胜"这句中国古老棋谚践行在他的棋盘与人生中。在李昌镐的围棋之路走下巅峰时，他却更加坚信，胜负并非围棋的全部，"在超越胜负的上一层，蕴藏着至高无上的价值"。

　　围棋AI问世之后，顶尖棋手间差距缩小，今后恐无人可以再超过李昌镐的世界大赛夺冠次数。截至2024年，年近半百的李昌镐依然奋战在韩国棋坛一线。同时，李昌镐还倾心围棋教育，传递他的"行动迟缓的美学"和"舍弃"的哲学，以及追逐胜负的信念。

第十章

吃子游戏

　　几乎每一本围棋入门教材，都会先教大家"吃子"和"死活"的知识，本书也不例外。这是因为围棋是围地（"地"也称为"空"）的游戏，倘若我们能在接触战中吃掉对方的棋子，对方阵亡的棋就会直接成为我们的地盘，围地效率更高。

　　正式学习围空之前我们还需要进行一些吃子的练习——夯实各种吃子技巧才能更好地学习围空的知识。否则即便对手犯错将棋子送到我们嘴边，我们也吃不进嘴里。

1. 对战形式

　　大家可以在主流的围棋网络对弈平台上找到吃子对战模式。对战分为9路和13路，黑先白后，获胜条件分别是吃3子胜和吃5子胜。也就是说谁先吃掉对方足量的棋子，谁就可以获得胜利。

　　开局前，棋盘上会先摆好黑白各两子，并形成相互分断的棋形。如此棋形有专门的围棋术语，称作"扭断"或"扭十字"，是实战常见棋形。棋谚云"棋从断处生"，意思是将对手的棋断开之后，使其棋形变弱，才会衍生出更多的进攻手段。以这样的局部为基础开始对弈，双方将直接演练局部攻防，进行初级吃子、行棋技巧的练习。

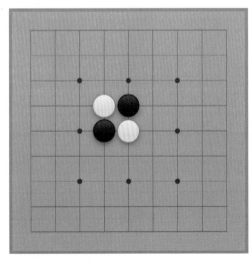

9路棋盘，吃3子胜。

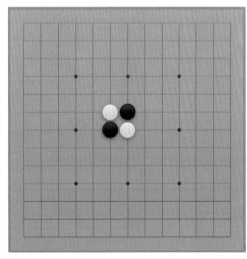

13路棋盘，吃5子胜。

2. 常见开局

（1）直接战斗

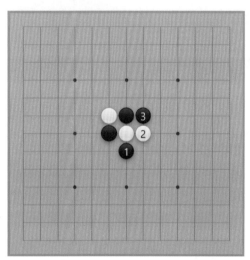

黑1打吃之后黑3再紧贴白两子，如此通常会将棋局马上导入比较激烈的战斗。

（2）扭十字长一方

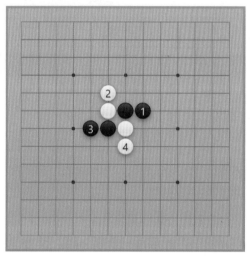

行至白4，双方各将自己两颗棋子长了出来，对应"扭十字长一方"的棋谚。这样行棋是为了先加强自身的棋形，为后续战斗蓄力。

3. 真假断点

　　断点分真假，如果断上去的棋子会被对手吃掉（意味着被断开的棋子可以通过吃棋而重新连接），这样的断点就是假断点，非特殊情况，断上去是没有意义的。断上去不会被吃掉的断点才是真断点，只有真正把对手的棋分断了，后续才有更多进攻机会。

例一

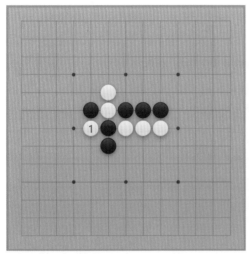

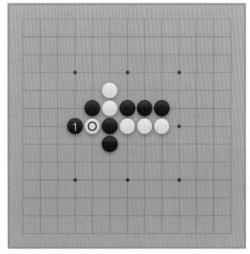

白1下在了黑方棋子的断点上，请思考：白1处是真断点还是假断点？

黑1即可用征吃的办法吃掉白○子，所以○处是假断点。

例二

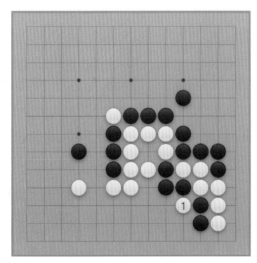

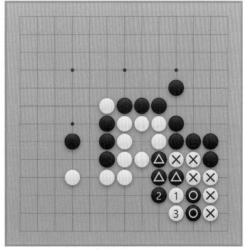

请思考：白1处是真断点还是假断点？

白1处是真断点，也是局部吃子的好棋。在这个局部，白方也只能通过吃子来救活白X子这块棋。黑2打吃，白3逃出后可吃掉黑○两子。黑方在3位打吃，白方在2位跑出后也可吃掉黑△三子。

4. 逃与不逃

　　对于初学者来讲，能够吃掉对方的棋子总是高兴的，但在吃子游戏中，除非我们提子就能取得胜利，否则不要专门浪费手数将死子提起，应该把棋下在更有用的地方。相反，已经被对手吃掉的棋，我们也不应该再跑，否则越死越多，会造成更大的损失。

（1）双打吃

　　我们在"入门吃子"一章中讲过一些基础的吃子方法，当棋子以这些方法被简明吃掉之后已无路可逃，吃棋一方一般不浪费一手棋去补刀。在此我们重点讲一讲双打吃。一旦形成"双打吃"，防守一方是无法招架的，必然会被提掉一块棋。虽然如此，防守方也可以仔细分辨应该救哪一块棋而减少损失。

例一

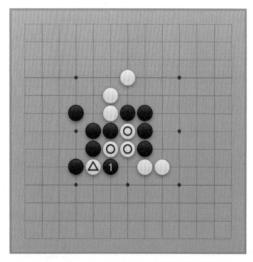 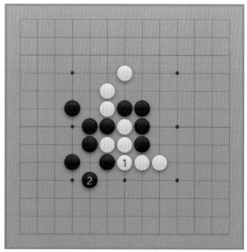

黑1是双打吃，白○子和白△子两块棋各自只剩一口气。

请思考：白方该救哪块棋？

白1当然救棋子多的那块棋，及时止损才有再战之力。

例二

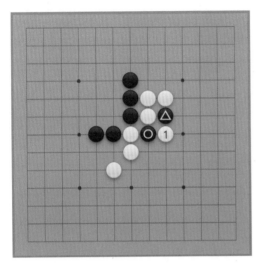

白1同时打吃黑○子和黑△子。
请思考：黑方该救哪一子？

失败

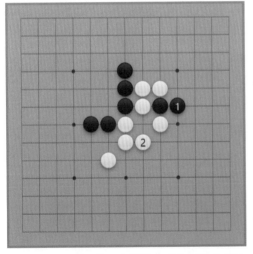

正解

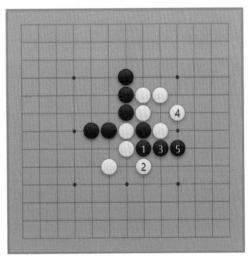

黑1错误，白2提掉的是棋筋，现在两块白棋连成一块，反观黑棋变成了两块棋，相对薄弱。

黑1正确，行至黑5，白方虽然吃了一子，但也被分成了两块棋，双方可战。

（2）基础逃子

在吃子游戏中，掌握正确的逃跑方式将让我们占得先机。

1）长气

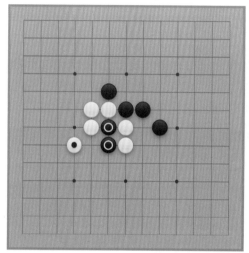 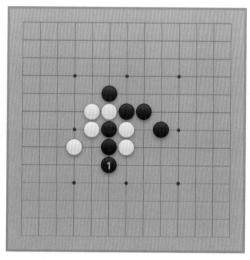

黑○两子已经遭到包围，请思考：黑先，黑子如何出逃？

黑1只此一手，长出后一瞬间就有了四口气，可脱离危险。

2）利用打吃

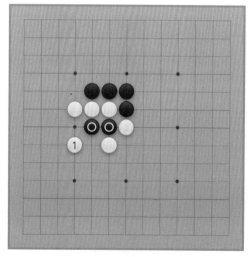 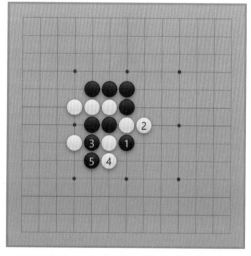

当前局面下，白1想要枷吃黑○处两子，请思考：黑先，如何逃跑？

由于白棋包围圈并不完整，所以枷吃并不成立。黑1断是打吃，白2长逃子，黑3逃跑一手因为黑1的存在已变为打吃，当白4逃跑时，黑5可扬长而去。

5. 行棋步法

初学者下围棋习惯一个一个挨着走，每一次落子都紧邻棋盘上已有的棋子（无论是紧邻己方棋子还是对方棋子）。在学习本节之后，期待大家可以更快地度过这一阶段，下出更高效的行棋步法。

要想更好地理解行棋步法，先得理解围棋的本质：

第一，围棋要围"地"。要是一个一个挨着走，围地效率显然不高，我们需要迈出更大的步子圈出更多地盘才能争胜。

第二，围棋要围"棋"。学完死活我们发现，如果我们将对方的棋子包围，对方又不能两眼做活，同时我们的包围圈也不出问题，那么对方的棋子就成为死棋被我们吃掉了。对方死掉的棋子会变成我们的地盘，如此我们获胜的筹码也就相应增加了。

以以上两点为基础，作为初学者，我们就更容易明白行棋不是机械地落子，我们应该关注落子后的这步棋与已有棋子之间产生的关联，这种关联就是行棋的步法，而每一种行棋步法都应该有其相应的意义和使用的场合。

相比最普通的"长"来说，跳、飞、尖应为初学者尽快掌握的行棋步法。

（1）跳
• 定义

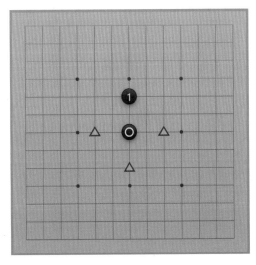

以○处为中心，黑1一着称作"跳"，落子在△处也是"跳"。此着法也可称作"小跳"。

"跳"的定义为：

第一，落子与己方一子同一条线的间隔一路处为"跳"，相隔两路为"大跳"；

第二，两子中间的交叉点及落子处紧邻无棋子。

● 应用一：迈开步伐

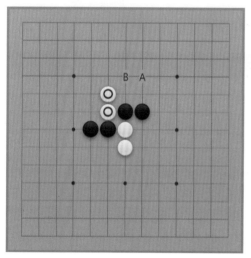

在吃子游戏中，下成当前局面后，黑方在A、B位行棋都叫"跳"，都是可以考虑的着法。

紧贴着白○两子行棋可能永远也无法将其围住，跳可以看做是围攻这两子的第一步。

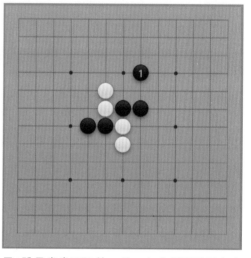

黑1跳是堂堂正正的一着，如此棋形是不存在断点的。

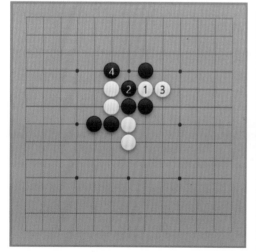

白1挖无法威胁黑棋，因黑2是打吃，待白3逃跑，黑4再虎，白棋棋形破碎。

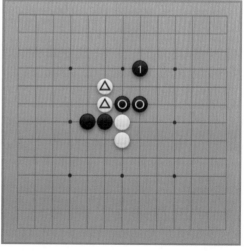

既然不存在断点，那么黑1就可以看作是黑○两子的延续，使这块棋变成了由三颗棋子组成的更强的棋，同时也缓缓地向白△两子施压。

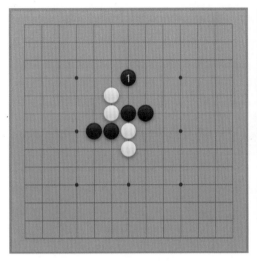

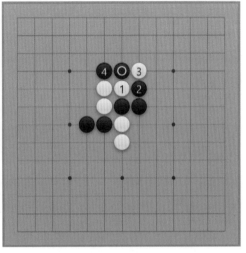

这一着"跳"也可以考虑。它可以更快地逼近白棋，更有压迫感，但同时也有弱点。

白1、3可以冲断黑棋，但黑4可以反手一贴，白三个子的气也很紧，这个战斗黑棋不怕。所以跳在○处也是可以考虑的。

• 应用二：门吃逃子

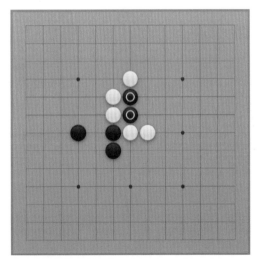

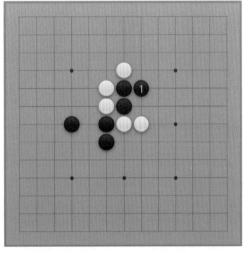

黑○两子即将被门吃，请思考：如何救出这两颗棋子？

多数初学者会走黑1逃出，这样黑棋三个子会形成愚形，愚形就是不好的棋形，我们接下来会详细讲解。黑棋在此有更好的着法。

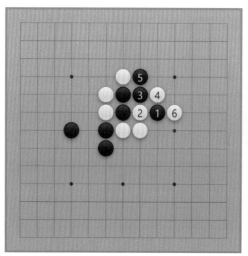

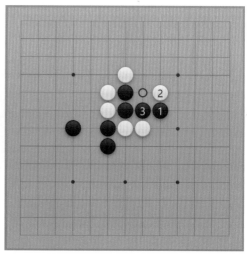

很多情况下黑1跳出是不错的选择，白2、4冲断后会形成无法征吃的棋形。白6吃掉黑1一子并不重要，黑方已经将棋筋逃出了。

黑1跳需要防范的是白2靠的强手，一般情况下黑3无法抵抗只能粘上。现在就看白方周围是什么配合，有没有后续手段将黑棋四个子全部吃掉，如果能把黑棋吃掉，那么当初黑方就不能在黑1跳出，只能在○处愚形出逃。

（2）飞

• 定义

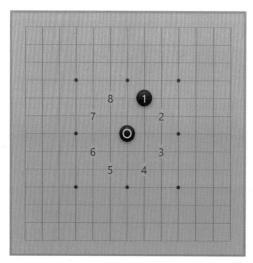

以○处为中心，黑1一着称作"飞"，落子在其他7个点也是"飞"。此着法也可称作"小飞"。

"飞"的定义为：

第一，落子于己方棋子间隔一路的斜向位置叫"小飞"，间隔两路叫"大飞"，间隔三路叫"超大飞"；

第二，两子连接和落子紧邻处均无棋子。

• 应用

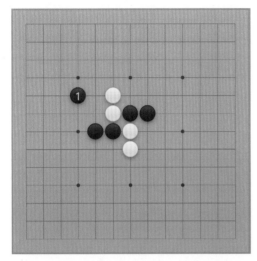

当前局面下，黑1是快速逼近白棋的一个好点，也可以看作是围攻白棋的第一步。

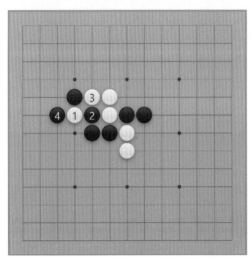

白1由于征子不利无法分断黑棋。

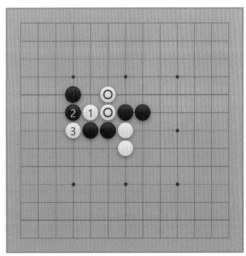

白1、3冲断反击过于勉强，如此由白〇两子和白1组成的三个子将形成愚形，气太紧。

（3）尖

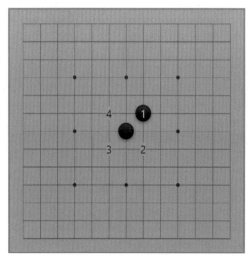

我们在"连接和分断"小节中提到过尖，我们在此处稍作复习。黑1这步棋就称作"尖"，落子在2、3、4点也是"尖"，此着法也可称作"小尖"。

由于小尖之形无法被分断，所以作为行棋步法来讲，小尖除了慢没什么太大的弱点。围棋有一句关于"尖"的谚语：棋逢难处小尖尖。这是因为，当跳和飞会明显遭遇对方冲击的时候，尖往往会成为人们优先考虑的行棋步法之一。

6. 常见错误

本节讲解初学阶段新手常犯的错误，避免这些错误可以让我们尽快走出吃子游戏的"新手村"，早日学习围空知识。

（1）无视打吃

初学者下棋很多时候，不仅看不到对手打吃己方棋子，连自己打吃了对方棋子也会没有察觉。

连续错过机会是常态，多练习多实战方可解决这个问题。

例一

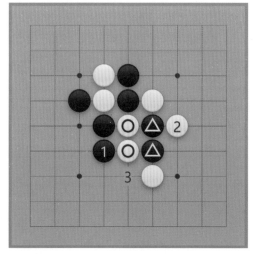

当前局面下，黑1打吃白○两子，白方只看到了下在2位可以征吃黑△子，但没意识到自身危险。黑在3位提子，如此白棋崩溃。

例二

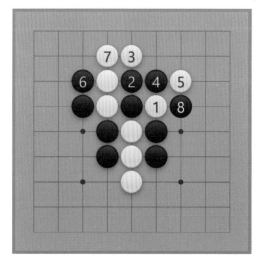

当前局面下，白1打吃形成征子，但并不成立，当黑4跑出之后，白1已被打吃。

当白5继续打吃想要征吃黑棋，黑方直接在8位提子即可脱困。

但黑6在己方棋子被打吃的情况下反打吃白棋，白7并没有选择提子，反而简单粘上。

此时黑8终于想起来提子。双方错进错出，这是一盘典型的新手对局。

（2）无视断点

断点越多，棋形的弱点就越多，就越容易遭到对方的冲击。

初学者在下棋的时候应该时刻留意自身棋形的断点，预判是否会遭到冲击，学会补好致命断点是赢棋的第一步。先把拳头缩回来，再打出去时才更有力量。

例一

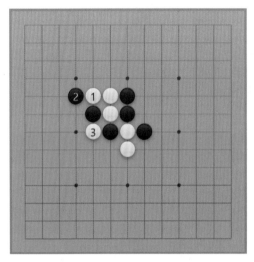

当前局面下，白1之后，在3位已经出现了双打吃的危险。

黑2不管不顾一心只想攻击白棋，当白3双打吃后黑方已无法两全，必将被提掉一个而陷入劣势。

例二

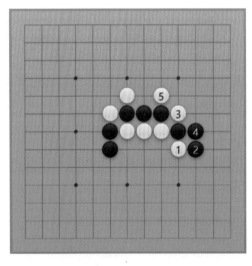

当白1扳，由于黑棋在3位有断点，现在已不能下在2位继续攻击白棋。

如果不提前防御，白3的断将升级为更加严厉的"断打"，分断并打吃，黑4救回一子后，白5可以轻松吃掉中央黑三个子。

（3）无端鼻顶

下棋的时候不要盯着对方的弱点只想着攻击，也要时时注意自身棋形问题。

先走好自己的棋，块数不能太多，断点也不能太多。

• 定义

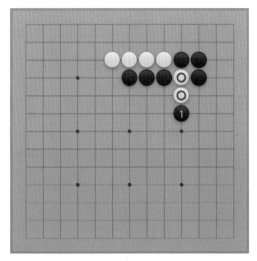

"鼻顶"指落子于对方棋形的正前方向，在己
强彼弱的情况下，限制对方棋子的发展方向。
图中黑1一着就是"鼻顶"，此时白○两子并没
有被黑方吃掉，但因自身气紧，行动也必然会
受到限制。

案例

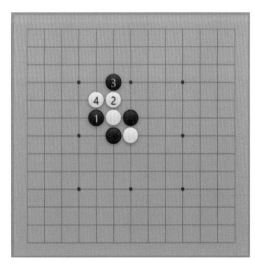

在自身棋形并不牢固的情况下，"鼻顶"会使
己方陷入被动，成为臭棋。
黑1打吃后黑3鼻顶白棋两子，白方只需在4位拐
出，黑棋棋形完全裂开。围棋一人下一步，黑
方四块棋，白方两块棋，战斗过程中黑方难免
顾此失彼。就当前局面而言，同等水平下，肯
定白方更好下一些。

（4）不会征吃

　　把征子的知识运用到初级实战，也就是在吃子游戏中，我们要注意两点：

　　第一，被征吃后，不要逃子，否则越死越多，会直接葬送棋局。

　　第二，遇到征子不利的情况，如对方有引征，或跑出后会打吃己方棋子等，不要
强行吃征子，否则会让自己的棋形断点过多，不利于战斗。

下面我们介绍两个征子已经形成、但初学者不易察觉的棋形，学会之后就不会再错过机会。

例一

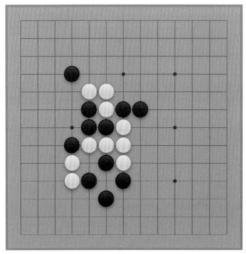

请思考：白先，走在哪可以形成征吃？

失败

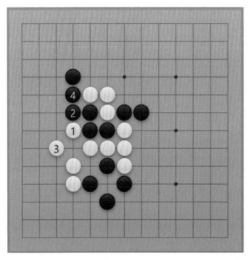

白1双打吃是最容易想到的一着，黑2当然逃跑棋子更多的一块，白3提子，然后再黑4连接。这样的结果白方并不满意。

正解

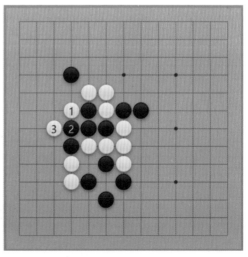

白1打吃后，若黑2还要粘上，那么白3后即可形成征吃，黑方无法逃脱。这就是更加隐蔽的征子棋形，初学者要多做练习才能更加熟悉。

例二

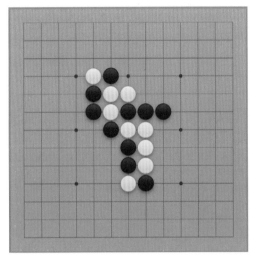

请思考：白先，走在哪是最优的下法?

失败

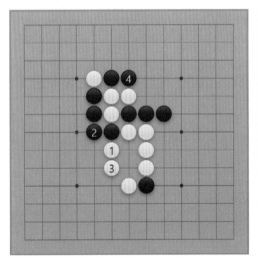

正解

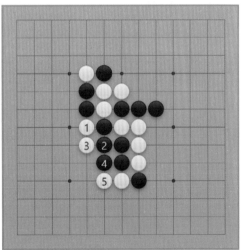

白1双打吃是最容易想到的着法，但是黑4之后，黑方也征死白三个子，白方并不满意。

究其原因是，白1、3吃掉的棋并不是棋筋，棋筋已经被黑2连回了，所以要思考另外的进攻办法。

白1进攻棋筋是好棋，黑2已经不能粘回被打吃的棋筋，否则白3、5打吃之后局部形成征子，黑棋全都会被吃掉。在这个局部下对，就必须看到黑2之后会形成征子，依然要多做练习，培养自己对棋形的敏感程度。

（5）愚形和凝形

愚形，顾名思义，就是愚笨的棋形，一般来说效率低下，非特殊情况不要下出愚形。凝形是比愚形更加恶劣的形状，一般由多枚棋子聚成一团而形成。

1）定义

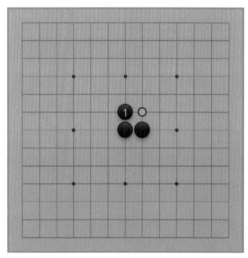

黑方下在1位就会形成愚形，一块棋是愚形，要满足两个条件：

第一，棋形为"弯三"；

第二，"弯三"拐弯处（○处）无对方的棋子。

另外，黑方继续将棋下在○处，那么将形成由"方块四"组成的凝形，相比弯三愚形，棋形更难看，效率更加低下。

2）案例

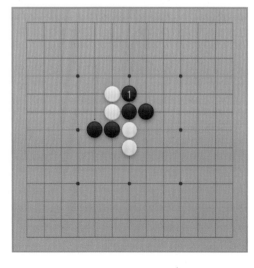

在吃子游戏中，双方各长一个之后，很多初学者的下一步棋是下在1位。这一步棋的意图是紧住白棋一口气从而对白两子施压。但由于黑1产生了愚形，所以这步棋并不是好棋。

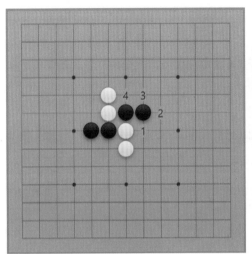

此时黑两子一共有四口气。

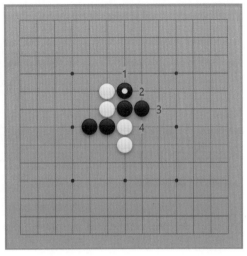

走了一步还是只有四口气，这可以直观地说明愚形行棋效率低下。

注意，这只是在当前场合下，愚形不好的原因；在其他场合，愚形可能产生更加恶劣的影响。

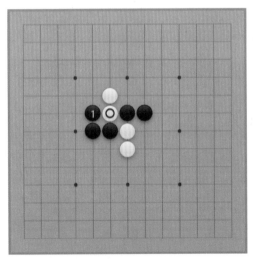

如果黑方一定要紧贴着对方的棋子行棋，那么还不如走在1位。

由于拐弯处有白○棋子存在，那么这个棋形就不算愚形，效率更高，此时的黑三个子已经有了五口气，相比走在愚形处多了一口气。

黑1这着棋有专门的围棋术语——"拐"，放在这儿是很普通的一步棋，仅仅是比之前的愚形好一些而已，"拐头"才能形成更大的威力。

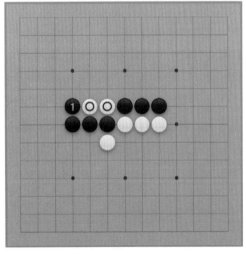

黑1就是"拐头"，让白○两子气变得非常紧，并限制了其向前发展，同时也让自身棋形变得更厚，是当前局面下的好棋。

延展阅读 · 围棋故事与文化

"昭和棋圣"吴清源

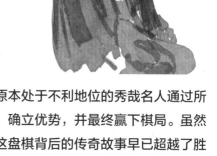

旅日围棋泰斗吴清源，1914年6月出生于福建。7岁时由父亲进行围棋启蒙，11岁以"围棋天才少年"之誉扬名北平，并成为北洋军阀段祺瑞门下棋客。吴清源在14岁时受日本棋手濑越宪作邀请赴日继续学弈。

经过不断努力，吴清源逐渐跻身日本棋坛一流棋士。1933年，19岁的吴清源得到挑战59岁的本因坊秀哉名人的机会，两人弈出了举世闻名的"三三·星·天元"棋局，这也是吴清源一生中最经典的对局之一。

本局秀哉名人利用上手权利一共打挂13次，比赛前后历时三个半月。最关键的一次打挂后，原本处于不利地位的秀哉名人通过所有门生的共同努力，找到了扭转局势的神之一手，确立优势，并最终赢下棋局。虽然吴清源在极不公平的对弈条件下输掉了本局，但这盘棋背后的传奇故事早已超越了胜负本身，在近百年之后依旧为人们津津乐道。

1939年，吴清源与他的好友木谷实开启了"镰仓十番棋"，争夺日本围棋第一人的宝座。木谷实是当时唯一能和吴清源并肩的顶级棋手，"镰仓十番棋"也成为了日本围棋史上最著名的棋战之一。到第六局时，吴清源以五胜一负把木谷实降格为"先相先"❶棋份。至1941年，吴清源最终以六胜四负战胜木谷实终结比赛，自此日本棋

---

❶ 互先是表示双方实力相等的一种棋份，对局时第一局一方执黑，第二局由另一方执黑，即双方互相交替执黑先行，为互先。先相先，即表示弈局为三局时，第一局一方执黑先行，第二、三局再互先，故称先相先。

在20世纪初及之前的日本棋坛，下围棋执黑不贴目（"贴目"的概念会在"围棋的胜负"一章中详细讲解），意思是黑方不用为先行的优势付出任何代价。所以执黑一方往往占有较大优势，而互先是公平的对局方式。在先相先的棋份中，一方会拿到更多执黑的权利，另一方自然也就成为了"上手"。

坛进入吴清源时代。

此后，吴清源与日本各路顶尖棋士（木谷实、雁金准一、藤泽朋斋、桥本宇太郎、坂田荣男、高川格）之间展开十次十番棋比赛。至1956年，吴清源将以上豪强逐一击败，并将所有人的棋份降级。吴清源迎来了自己的全盛时期，棋艺举世无双，也被誉为"昭和棋圣"。

好景不长，1961年8月，47岁的吴清源遭遇车祸，棋力急转而下。对于这件事，吴清源后来在自传《以文会友》中描述为"命中注定的摩托车事故"。他说，"被撞了就是一个机缘，不知道是怎么安排的，你不能下棋了，但你能做别的。"

1965年，吴清源的弟子林海峰年仅23岁便问鼎名人战。弟子代替棋力衰退的自己力克群雄，这或许是吴清源时代告一段落的欣慰。吴清源于1984年正式引退棋坛，时年70岁。在晚年，吴清源提出了21世纪围棋、六合之棋的新理念。

吴清源一生历经动荡坎坷，波澜万丈，却未失赤子之心，一生执着棋艺，心无旁骛。纵横棋坛四十余年，他的棋风自由多变、奔放自在而鲜少败局。吴清源在多年之后回忆"围棋不是想胜就能胜，让自己委身于围棋的流势，任其漂流，不管止于何处"。这是吴清源独特围棋思想的一个缩影。

2014年11月30日凌晨，曾说过"一百岁后我也要下棋，两百岁之后我在宇宙中也要下棋"的世界围棋巨匠吴清源终于下完了他人生中的最后一盘棋，在日本神奈川县小田原市内的医院因过度衰老病逝。

吴清源足迹走过百年，与北洋军阀段祺瑞对过弈，在末代皇帝溥仪面前下过棋，战后数任喜欢围棋的日本首相与之有过棋缘，新中国的多位领导人也希望能够与他见面交流。在千百年来争逐胜负的围棋世界里，深研东方哲学的吴清源以"中和"为理想，重新解释了围棋之于人类存在的意义。

第十一章

入门围空

　　一盘围棋一般经历三个阶段：布局、中盘和收官。本章将以视频的方式向各位介绍入门级的布局、中盘和收官知识，请扫码观看详细讲解。期待大家学习之后，能够独立下完一盘围棋（水平高低不论），如此我们将正式走进围棋的大门。

1. 空

　　围棋是围地的游戏，局终围地多的一方获胜。围棋语境中，"地"有专门的围棋术语，叫做"空"。所以我们的每一步棋终极目标都是围空。

▶ 请扫码观看 ◀
详细讲解

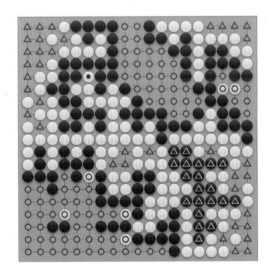

2. 布局

　　布局阶段一般指起手二三十着，指一局棋开始的布置和结构。双方根据各自的战略意图，争先选择有利的着点，进行地域上、形势上的分割，为中盘战斗摆下阵势。

（1）金角银边草肚皮

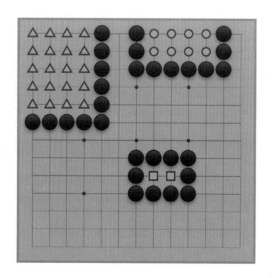

▶ 请扫码观看 ◀
详细讲解

（2）占角、守角和挂角

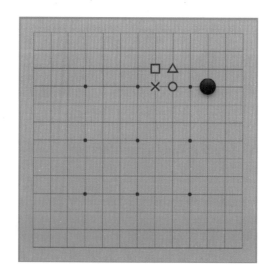

▶ 请扫码观看 ◀
详细讲解

（3）拆

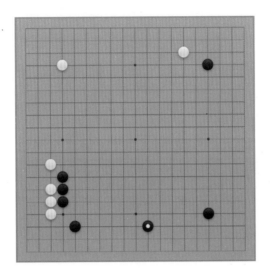

（4）定式

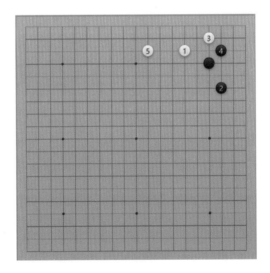

（5）开局

▶ 请扫码观看 ◀

详细讲解

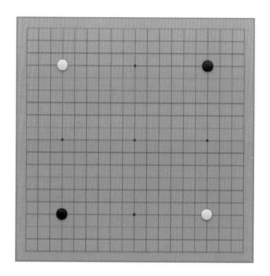

3. 中盘

中盘是对局双方在布局之后，官子之前进行的全局性斗争阶段。中盘阶段将对棋手的基本功、计算、判断、心态、经验等综合能力进行全面的考验，是一局围棋最重要的阶段。

（1）初级吃子技巧

相比《入门吃子》两章中介绍的吃子方法，本节所涉及的吃子技巧难度更高，同时也是围棋进阶之路上必然要掌握的知识。

▶ 请扫码观看 ◀

详细讲解

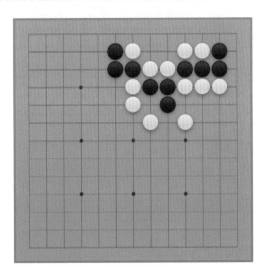

（2）初级征子

▶ 请扫码观看 ◀

详细讲解

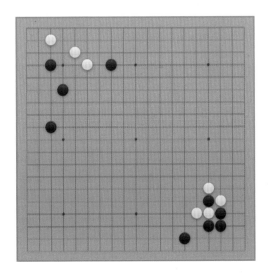

（3）史上最短征子名局

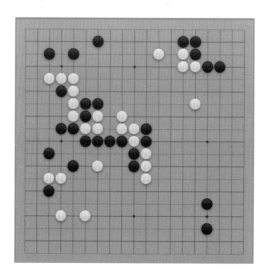

▶ 请扫码观看 ◀
详细讲解

（4）李世石活征名局

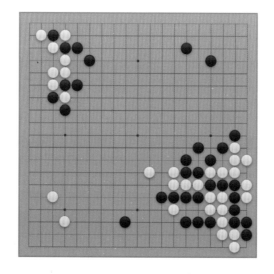

▶ 请扫码观看 ◀
详细讲解

（5）认识裂形

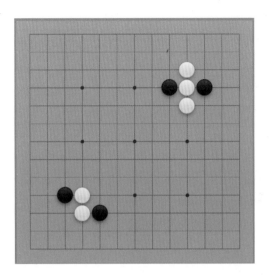

（6）棋形缺陷

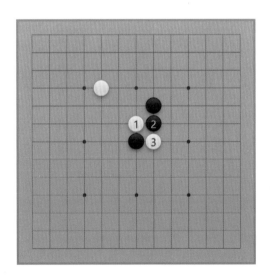

（7）认识俗手

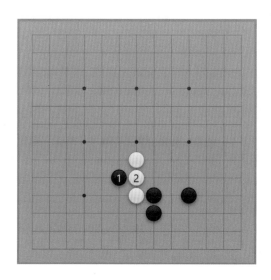

▶ 请扫码观看 ◀
详细讲解

（8）认识外势

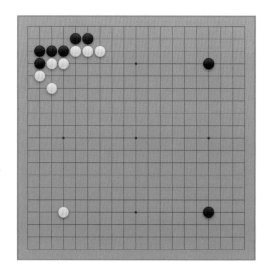

▶ 请扫码观看 ◀
详细讲解

（9）行棋策略

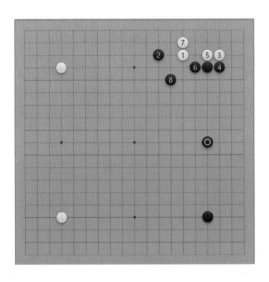

▶ 请扫码观看 ◀

详细讲解

（10）围空和破空

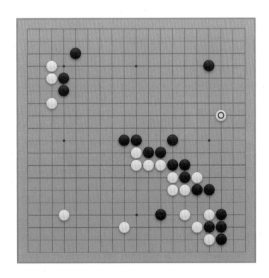

▶ 请扫码观看 ◀

详细讲解

（11）对局心态

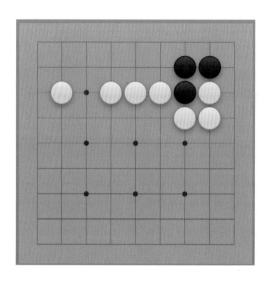

4. 收官

收官是中盘战过后，棋局进入后半盘，双方争夺最后地域的阶段、着法。现实生活中的"收官"一词就来源于围棋，表示到了最后阶段，接近尾声的意思。根据官子的种类包括双先官子、单先官子、双后官子、逆收官子等。我们将在本节逐一介绍有关官子的基本知识。

（1）官子种类

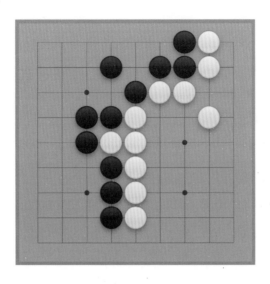

（2）常见官子着法

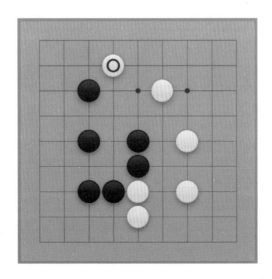

5. 完整的对局

▶ 请扫码观看 ◀
详细讲解

　　学到这里，我们基本可以在有讲解的情况下，大致能够看懂围棋的进程了。本节我们将一起来欣赏一局来自顶尖职业棋手的对局。在这个过程中，我们将串联此前学到的知识，让各位对一局围棋的各个阶段有更全面的了解，离围棋入门再近一步。

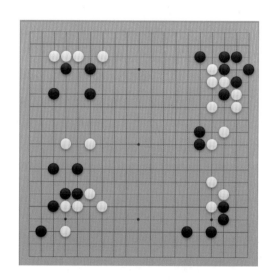

延展阅读·围棋故事与文化

围棋世界中的番棋

　　番棋分为两种，第一种是大赛决赛，第二种是由多方因素促成的两位棋手之间决斗式的约战。大赛决赛一般下3盘、5盘、7盘，即三番棋、五番棋、七番棋，规则是三打二胜、五打三胜和七打四胜。

　　和大赛决赛不同，两位棋手的约战一旦确定，约了几盘棋一般会下完，也有比赛一方胜局过半就会终止，取决于双方赛前约定。2016年，在李世石九段与AlphaGo的五番棋对决中，在AlphaGo三比零分出胜负后，比赛还在继续，最终AlphaGo四比一一胜出。2014年，古力九段和李世石的十番棋对决也是围棋历史上绕不开的一笔，李世石以六比二终结比赛，独揽500万元人民币奖金。

日本棋界从古代至吴清源时代，有着森严的段位等级制度。段位高的上手是不会和下手进行分先对局的，段位不仅是饭碗，更是身份的象征。在棋盘上，棋手们会竭尽全力甚至用生命去争取胜利。吴清源九段成为围棋史上最伟大的棋士之一，其中一个原因就是他以十番棋的形式击败了同时期的所有强敌，将他们一一降下一级，甚至两级。

吴清源在回忆录《以文会友》中说道，十番棋是极为残酷的斗争，好比武士之间进行的白刃战对决。这是因为一旦被打败就会降级，与原本棋份相同的棋士拉开段位上的差距，无法再平等对抗，名誉也会受损。如果不在下次比赛中赢回来，就永远无法夺回荣誉。然而下一次的机会几乎不会到来，所以基本上十番棋是仅有一次的生死对决。如今，随着时代发展，无论在职业棋战还是业余比赛中，对局双方无论段位有何差距，均以分先对局，而番棋失败也不会影响棋份。

近几年棋界有名的番棋决斗来自韩国棋手申真谞九段和朴廷桓九段之间的"内战"。2020年10月19日，这两位在韩国数一数二的棋手开始了七番棋的较量。主办方的本意是决出韩国围棋最强者，但不曾想到比赛结果令人大跌眼镜。至11月4日，申真谞连续赢下前面四局，已经赢得了比赛胜利，但比赛还未结束。12月2日，申真谞赢下了最后一局，以七比零的比分终结了比赛。

赛后舆论认为朴廷桓经受如此打击将一蹶不振，但在2021年11月1日至3日举行的第26届三星杯世界围棋大师赛三番棋决赛上，朴廷桓用惊人的表现回应了公众。朴廷桓此战的对手正是申真谞，在第一局脆败的绝境下，朴廷桓最终以二比一的比分逆转比赛，收获了个人第五个世界冠军，其不服输的韧劲值得学习。

第十二章

围棋的胜负

1. 终局条件

除开一方认输，围棋局终的条件是：棋盘上黑白双方都不能再下一步棋让自己的地盘增加分毫，进而双方分别放弃自己的着子权（行棋权利），棋局就结束了。围棋术语称作"两弃终局"。

为什么围棋要"两弃"才能"终局"？因为即便已经形成可以终局的局面，围棋规则并不禁止双方在棋盘上继续下没有意义的棋，无论是将棋下在无法入侵的对方的地盘中，还是继续在自己的地盘内行棋，都属于无效"填子"，显然不符合围棋精神。

所以"两弃终局"本质上是对局双方形成了"因'无地可争'而'棋下完了'"的君子协定，同时也意味着围棋并不像象棋和其他棋类游戏有着明确的终局信号。那么，围棋下成什么局面算"无地可争"可以终局呢？

中国围棋规则结算地盘判定胜负时用的是"数子法"，子空皆地。也就是说围住的目和棋盘上的棋子都算作是空。所以在中国围棋规则下，每下一步单官，空都在涨，双方收完单官才算"无地可争"。日韩围棋规则判定胜负用"数目法"，只比双方围出的目数，所以单官不用下也可以终局。

2. 判定胜负

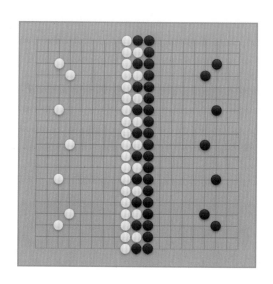

　　无论是业余新手还是职业高手，都不可能把棋下成这样。把棋摆成这个局面是为了方便讲解。在棋盘左右两边完全同形的情况下，正中间一行黑有10颗棋子，白有9颗棋子，所以我们现在不用数也知道，全盘的空，黑方比白方多一子❶。我们来做一道简单的数学题，已知棋盘上一共有361个交叉点，而黑方的空比白方多一子，黑方有几子？

　　答案是181子。

　　那么，黑棋赢了吗？

　　没有，黑棋输了。黑棋作为先行方是有一定优势的，根据中国围棋规则，在结算胜负的环节，黑方要贴还白方3.75子以平衡先行带来的优势，围棋术语称作"贴目"。

---

❶ 中国规则下，在盘点地盘大小计算胜负时，不管是棋盘上的棋子还是已经围住的空（目），都称为"子"。

将361对半分，就是180.5，再加上3.75，等于184.25。棋盘上的空最小单位是1，所以黑方要想赢，空数出来结果至少得是185子。

最小的胜负差距是：黑185子，结果为黑胜0.75子（185－184.25＝0.75）；黑184子，结果为黑负0.25子（184－184.25＝－0.25）。

判定胜负时，我们也可以数白方的空。

180.5－3.75＝176.75。白方要想赢棋，空数出来结果至少得为177子。

最小的胜负差距是：白177子，结果为白胜0.25子（177－176.75＝0.25）；白176子，结果为白负0.75子（176－176.75＝－0.75）。

3. 围棋不和

围棋棋盘一共361个交叉点，是单数，无法平分。再加上围棋特殊的贴目机制，使得一局分先的围棋棋局只要进入了数子判定胜负的环节，就一定可以分出胜负，不会出现平局，无一例外。

举一个非常极端的例子。比赛中一局棋还剩最后一个单官，此时该白方下，倘若白方下完这个单官然后终局，结果将是黑184子负。但这盘棋下到最后棋形歪歪扭扭，最后一个单官不易被发现。此时黑方率先看到了那个单官，但不该他下，于是就问了一句："还有吗？"意思是向白方确认终局。白方一时没有发现这个单官，随即应了一句："没有了。"说时迟那时快，黑方马上拿起棋子落子于最后一个单官处。黑方认为白方确认了终局，而自己没有，所以最后一个单官归黑方。于是两人争执了起来。

裁判介入解决这个问题，判罚最后一子一人一半，平分。具体的做法是让白方把最后一个单官填上，然后结算胜负时给黑棋加0.5子，再看谁输谁赢。

于是数子结果就变成了黑方184子＋0.5子＝184.5子。

那么黑方赢了吗？赢了。回顾之前的内容，结算胜负时，黑方空达到184.25子即可获胜。所以，黑方184.5子的话，就赢了0.25子，以最小差距赢下这局。

比赛中黑方这样的做法是否符合围棋规则或棋道礼仪，我们不做评论。讲这个故事的重点是，一局围棋即便在如此极端的局面下依然无法产生和棋。这就进一步说明了：围棋世界没有和棋，胜负十分残酷。一旦出现无法分出胜负的局面，这局棋的结果应为"无胜负"，而不是"和棋"。因为和象棋类游戏不同，和棋并不属于围棋世界，"争"才是围棋的本质属性。

4. 不平等对弈

对局双方以什么样的条件进行对局，称为双方的"棋份"。双方棋力相当，棋份就是"分先"（以前叫"互先"，此前讲过），黑方贴目3.75子。当双方实力差距过大，棋份将变成"让先""倒贴"和"让子"等，需要以不平等的条件开始对局，以缩小实力差距。

让先：黑方先行不贴目，判定胜负时，黑方181子即可获胜。

倒贴：黑方先行不贴目，判定胜负时，白方还要倒贴黑方3.75子，黑方177子即可获胜。

让子：根据双方实力差距的大小，黑方提前在棋盘上摆好2至9颗黑子，然后开始对局。让子棋由白方先行。在让子棋中，黑方贴不贴目，贴多少目，由双方在对局前提前商议。

让得多了，一般就将这盘棋称为上手对下手的指导棋。

以下是让子棋开始前，黑子摆放方式。

4至9子让子棋，根据对称的原则，不会围棋也大致能猜到黑子的摆放方式。但2子和3子让子棋，黑棋摆放方法只有这一种吗？是的。原因是我们在和上手对弈时，出于对高手的尊重，应该将其最顺手的右下角空出来，方便上手落子第一手棋。

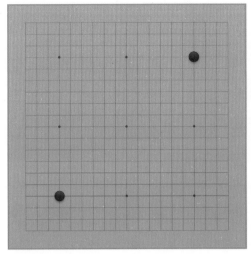

让两子。

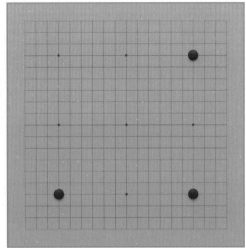

让3子。

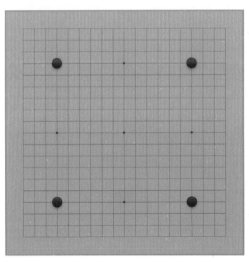

让4子。

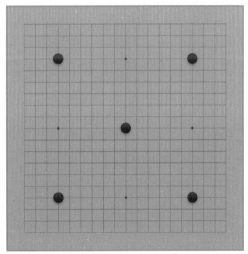

让5子。

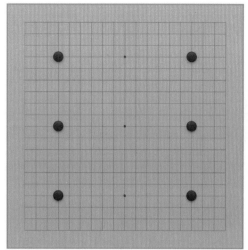

让6子。

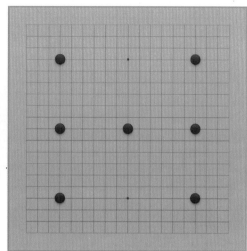

让7子。

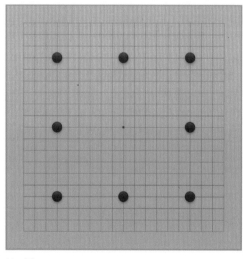

让8子。

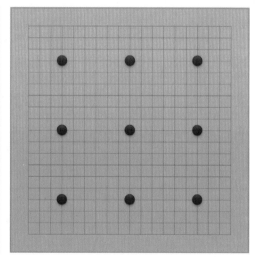

让9子。

延展阅读 · 围棋故事与文化

载入史册的一次认输

　　如果局面落后，棋手当然应该全力以赴寻觅胜机。但当差距过大，坦然认输也是一种知礼的表现。业余爱好者认输时一般口头告诉对方。"不行了""不够了""我输了"，将失利的事实大方说出，似乎能稍微平复失败的沉重心情。将棋盘上的棋子一下子弄乱，以"抹盘"来认输显然是不礼貌的。

　　在职业赛场上，主动将棋钟暂停，是最主流的认输方式。国际比赛中，两位棋手语言不通时，劣势一方拿起一两颗、两三颗棋子放在棋盘上即表明认输，所谓"投子认负"，这也是最体面的认输方式之一。

　　2016年3月，李世石九段和AlphaGo的人机大战吸引着全球的目光。不仅棋局本身，李世石举手投足都会引来关注。面对强大的AlphaGo，输棋是正常的，而李世石每次都以"投子认负"的方式认输，也向不懂围棋的观众展示了围棋的特别之处。

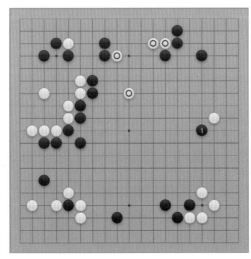 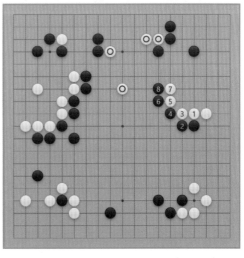

这是李世石九段对战AlphaGo人机大战的第四盘，神之一手出现的那盘棋，执黑的是AlphaGo。此时黑1肩冲是绝好点，不仅限制了白方右边边路的阵势，也隐约威胁到○几子，是声东击西、一石二鸟的好棋。我们从这一步肩冲讲起，一直聊到神之一手出现的那一刻。

实战白1选择挡在这边，黑4、6是我们此前讲过的"扳了连扳"，强硬地把白棋的头扭向另外一边。白方○几子眼看无法与右边的白棋连接，处境越来越危险，要是全部阵亡肯定无法争胜。

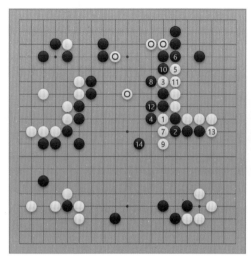

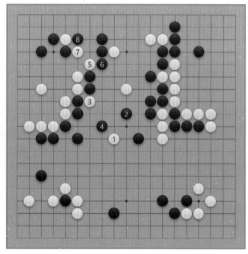

至黑14，白方○4子已完全陷入危险之中，局势十分危急。

白1只能在外围试探，至黑8，白方已然陷入绝境。如果被包围的白子不能金蝉脱壳，这局恐怕凶多吉少。

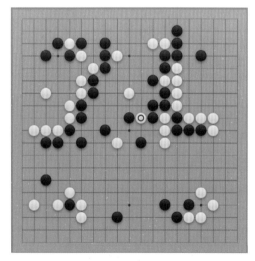

此时李世石下出了○，是这盘珍贵的名局的第78手棋，传说中的神之一手。此手一出，AlphaGo如崩溃一般下出昏招，遭受重大损失。

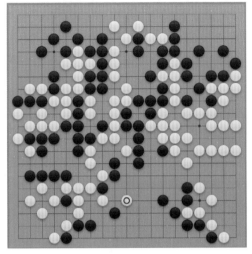

○处是本局第180手，也是最后一手棋，至此AlphaGo认输，李世石史诗般地逆转了比赛，为人类扳回一局。这也成为了人类历史上唯一一次分先战胜AlphaGo。赛后有声音说，李世石不过是因为AlphaGo程序的bug而获胜，但这样的说法是错误的。对于棋类运动来讲，本质上我们都是因为对方犯错才能获胜。

要知道普通棋手是不能让AlphaGo犯错的，另外这局棋即便AlphaGo犯错，之后的进程对于人类来讲也不是必胜局面，赢下棋局的过程可谓步步惊心。直到最后AlphaGo认输的那一刻，众人悬在半空的心才终于放下。

棋局最后，比赛中为AlphaGo落子的"人肉臂"DeepMind首席程序员黄士杰博士，看到了电脑屏幕上AlphaGo认输的弹窗，便转身拿起一颗棋子放在棋盘上，并对李世石说："There you go. AlphaGo resigned."（结束了，AlphaGo认输了。）这是围棋历史上十分经典的时刻。

赛后李世石接受媒体采访表示："这场胜利是无价之宝，世界上的任何东西都不能与之交换。"与AlphaGo对局后，李世石在之后两个月里，赢下了他参加过的所有比赛。2019年11月19日，36岁的韩国棋手李世石九段宣布退役，结束了他24年7个月的棋士生涯。

后记

"四方围棋"建立于2021年,大本营在抖音平台,发布内容主要为围棋零基础教学、围棋趣闻和名局精解等,也会为棋迷们带来精彩的赛事直播。

"四方围棋"得到棋迷青睐,得益于当下是一个社交媒体时代。我当过记者、企业公关,还当过雅思老师。这些职业经历让我善于表达、乐于分享,在运营"四方围棋"的过程中,可以始终主观上保持受众意识,创作出棋迷喜闻乐见的内容。

客观上,由于我的围棋水平不高,所以我在录制视频和直播大赛时,只能以菜鸟的视角讲解围棋。比如,在讲解棋局时,我会思考某个选点是否可行,进而利用围棋AI程序深入研究,然后讲给大家听。在这个过程中,我研究与讲解的点歪打正着是大多数棋友想看的点,由此拉近了与观众的距离。

本书灵感来自"四方围棋"的"零基础学围棋"栏目。本书是该栏目的超级加强版,可以帮助初学者打牢围棋基础,为学习更高深的围棋知识做好准备。同时,我也希望本书能够吸引更多对围棋感兴趣的朋友"入坑",让大家一同沉浸于这个古老而充满智慧的游戏之中。

感谢汪有老师拨冗作序。汪老师是在微博拥有百万粉丝的新知博主和科普博主。汪老师的专业类文章干货满满,时评类文章观点犀利,生活类文章风趣幽默。作为曾经的文字工作者,我感到十分佩服。三年前,汪老师在微博上诙谐地评论了一本围棋书籍,我这才了解到原来汪老师也是一位棋迷。时间一晃而过,没想到如今我自己的围棋书籍也出版了,不仅如此,还能邀请到汪老师作序。不由感叹,生活就像是一盒巧克力。

感谢我的良师益友，万常斌老师，对本书提出了宝贵建议并悉心校对。万老师是重庆本地知名业余5段棋手，早在1992年就斩获了重庆市市运会围棋冠军。万老师在2017和2018赛季，连续两年与队友一起拿下重庆市围棋业余联赛冠军，并在2019年举办的第十三届全国历史文化名城围棋赛中获得个人亚军。

感谢化学工业出版社的编辑老师。在本书的策划与创作过程中，我得到了来自编辑老师细致专业的帮助，让本书内容更加精彩。

感谢大家的支持，目前我已全职投入到围棋行业，线下也开启了四方棋社，服务内容全面覆盖从启蒙到业余4段的围棋教学。

参考文献

[1] 卫泓泰，檀啸，五仁. 零基础学围棋：从入门到入段. 北京：化学工业出版社，2021.

[2] 罗威尔. 宇宙之道，就在围棋. 北京：中信出版社，2017.

[3] 聂卫平. 力挽狂澜：棋圣聂卫平的黑白人生. 桂林：漓江出版社，2015.

[4] 李昌镐. 人生如棋，不得贪胜. 北京：化学工业出版社，2024.

[5] 吴清源. 吴清源回忆录：以文会友. 陈翰希，后浪，译. 北京：北京联合出版有限公司. 2017.

[6] 胡晓苓. 围棋教学习题册. 太原：山西人民出版社，2004.

[7] 聂卫平. 聂卫平围棋教程（从入门到15级）. 北京：人民邮电出版社，2017.

[8] 聂卫平. 聂卫平围棋习题精解 综合训练（从入门到10级）. 北京：人民邮电出版社，2018.

[9] 张杰. 阶梯围棋基础训练丛书. 死活专项训练（从入门到10级）. 沈阳：辽宁科学技术出版社，2010.

[10] 张杰. 阶梯围棋基础训练--手筋专项训练(从入门到10级). 沈阳：辽宁科学技术出版社，2009.

[11] 辞典编委会. 中英围棋术语辞典. 北京：人民出版社，2021.